xīn jǐng diǎn!

U0061949

深圳

旅遊 新 情報

2024~25 最新版

全書內容
大革新

西DorSi 著

知出版

2024 年 2 月，我們學校圖書館邀請西 DorSi 先生分享他的著作《深圳旅遊新情報 2023-24》，這場分享會讓師生深入了解到深圳在旅遊、科技、文化等領域的最新發展。隨後，他更於 5 月份帶領我校幾名學生前往深圳的壹方天地，在這個小型「導賞團」中，讓她們親身體驗騎馬、風洞跳傘和無人機送外賣等活動。

隨着深圳旅遊和科技等領域不斷發展，《深圳旅遊新情報》得以再度更新，成為《深圳旅遊新情報 2024-25 最新版》。新書的內容更全面，包括福田、羅湖、南山、鹽田、龍華、龍崗、寶安、光明、坪山、大鵬等區域的科技、娛樂、文化藝術、親子活動等豐富資訊。相信讀者們能夠從這本書中獲得實用的資訊，對深圳的發展也有更深入的了解。

這本新書不僅內容豐富，資料使用也很精準，而且西 DorSi 先生的中肯評價和親身體驗更是值得推薦。他秉持了上一本書的風格，以真實的描述和親切的筆調，使得這本書有很高的參考價值。深圳與香港緊鄰，許多市民和學生都將深圳視為大灣區旅遊消閒或學習考察的城市。攜帶這本小書出遊，相信能節省許多資料搜集的時間，體驗更多美好生活，既讀萬卷書，也行萬里路！

許端蓉
香港真光中學校長

其實西 DorSi 不出書導遊內地，也絕對可以出書導人如何面對逆境，相信同樣暢銷。

認識西 DorSi 應該是在 6 年前吧，當年大概是不少香港人的人生高點，西 DorSi 亦然，疫情前北上消費熱 1.0 就是由他介紹「海底撈」的影片引爆。這位元祖級北上 KOL 當時已有跨界著書立說的念頭，他通過友人向我了解有關書刊出版的細節。可惜沒多久就發生了連串社會事件和三年的疫情，期間大部分港人人生都起了翻天覆地的變化，沒有多問也知道西 DorSi 的出書計劃肯定要擱置。加上因為疫情封關，有關深圳題材的影片收視和收入均斷崖式下跌，面對前路茫茫充滿不確定性，難得西 DorSi 仍堅持信念，毅然移居深圳背水一戰。記得我和西 DorSi 是 2022 年下半年在深圳重逢的，印象中西 DorSi 是躊躇滿志的，再次見面他頗有點洗盡鉛華的感覺，因為當時封控頻繁整個深圳都陷入谷底，大家都咬緊牙關過着艱難的日子，萬幸的那是黎明前的黑暗，深港在 2023 年初正式通關。一如西 DorSi 所料，港人到深圳報復式旅遊消費的現象果然出現，他亦藉此從谷底反彈，現在終可繼續完成之前進軍出版界的目標。

這個不就是一個不折不扣，教人如何逆境自強的勵志故事嗎？一個年輕人選對賽道打出名堂，卻因為大環境的變化而陷入低潮，低處未算低的是自己獨特的出品內容竟然是當中最受打擊的，年輕人不但沒有因收入和積蓄清零而動搖信念，反之更破釜沉舟繼續積極埋首開發內容，結果守得雲開再創高峰。

總結一下，先要審時度勢選擇適合自己的賽道，面對高山低谷仍然堅守初衷沉着應戰，西 DorSi 這個憑意志、借時機逆轉劣勢的案例，真真實實，莫說年輕人，就算我們這些處於中年危機的廢佬亦非常值得借鑒。

朱達偉

《MiLK》雜誌前出版人、總編輯
品牌 RelaZzz 創辦人

當七歲的兒子差不多每天都要看 YouTube，就感受到現今看 YouTube 已經成為大家的日常。就像我們以前追看電視連續劇一樣，一天看不到就有點不舒服的感覺。

YouTube 已是這個年代十分重要的媒體平台，它充斥着各種各類的豐富資訊，有時事新聞、流行文化、藝術、各類型音樂、生活教學等等不能盡錄。但其實當中的「搵食」，亦成為當下人十分關注的重要命題。為免選錯食店，大家都會先在 YouTube 搜集資料，透過聲畫影像，就可以感受到食物和餐廳環境的品質，再配合主持人食評介紹，未置身其中已非常立體。

西 DorSi 也就是在這方面做得很出色的 YouTuber，他的影片大多是全方位的旅遊生活小百科，但他介紹飲食的影片特別受歡迎。他算是早期開始介紹深圳好去處的 KOL，疫情期間我開始在深圳探索生活，會更為留意他的生活及飲食介紹。

西 DorSi 成功的因素是，他的影片十分具教學性及獨特性，也同時十分生動，還會以「偽中產」角度去思考，怎樣給觀眾更多貼地的資訊。疫情後，大大感受到他為本來不旺的餐廳「點石成金」，把人流帶起來；而且全部都是真真實實的評論，所以現在香港人北上消費，都要參考他這個精心炮製的攻略指南。最近留意到西 DorSi 有更多關於大灣區不同城市的旅遊影片，正正又幫到我和親朋戚友在那邊探索。希望西 DorSi 日後去更多不同城市，帶我們去看更多中國美麗的地方！

鄧卓越 Ms. Dorophy Tang

深港著名國潮藝術家
A Shoppin' Baby 設計師

作者序

感謝各位錯愛，乘通關後北上熱潮的時代列車，我去年撰寫的 2023 年版《深圳》一書多次登上各大書店的暢銷榜。因此當出版社希望我撰寫新一年的《深圳》旅遊書時，我突然覺得有一股無形壓力在身上，擔心新書未能達到去年的高度。

出版社本要求我簡單把 2023 年版一些過舊景點去除，然後補充過去一年新增景點。作為現時長居深圳的香港人，相信我可以很輕鬆地用半個月時間（？）就可以把新書完成的。不過我的性格素來比較認真，追求完美主義，若只是補充新景點，絕對「過唔到自己嗰關」。

回想一年多前的我，根本不知寫書為何事。儘管出版社一直從旁協助，但初次執筆的我仍然覺得有點在摸着石頭過河。最後面世的 2023 版本，其實我覺得表達手法還是比較幼嫩，內容也應該可以再紮實和豐富些；如只是作簡單修訂，那麼這些缺點將會繼續保留下來。

加上去年恢復通關不久，我和出版社都有共識以「新」為賣點，而這個「新」字也成為 2023 年版的制肘。雖然深圳的變化的確是日新月異，每年有不少新景點商場落成，不過其實深圳固有的旅遊熱點，對港人來說也很有吸引力。在過去一年，有不少讀者說 2023 年版缺少了深圳的「舊」，對大家的幫助未夠全面。

所以我決定把 2023 年版的內容完全推倒重來，由零開始重新撰寫新書，並以新的鋪排向大家介紹深圳這個城市。今年新書涉獵了絕大部分深圳的傳統重點商場及景點，並以各大商場景點作為主要脈絡，介紹其近年的變化及新落戶的商家。希望無論對深圳熟悉或不太熟悉的讀者，從此書中均可感受到這個城市的魅力，得知有哪些熱門及最新的吃喝玩樂好地方。

最終此書有超過九成是去年尚未在書中介紹過的全新內容，甚至有約七成的內容也未曾在我的網上影片內提及過的！所以無論你是已購買 2023 年版本的讀者，抑或是我 YouTube 頻道的忠實觀眾，也適合選購此書，以作前往深圳遊玩的最新指南。

最後，特別鳴謝知出版對我多次推遲交稿的包容，以及編輯 Cherry 過去數個月幫忙加班趕工，讓此書如期在書展與大家見面 XD～

再次感謝大家對拙作的支持！

西 DorSi

目錄

深圳地鐵路線圖可掃描下方 QR code。

分區地圖

光明
p.244

龍崗
p.254

東莞市

惠州市

光明區

龍華區

坪山區

寶安區

龍崗區

大鵬新區

鹽田區

羅湖區

南山區

福田區

香港

大鵬
p.290

寶安
p.216

南山
p.68

龍華
p.176

福田
p.14

羅湖
p.120

鹽田
p.154

坪山
p.276

最新遊深須知

1. 香港永久居民須憑香港身份證和回鄉證前往內地。

2. 如欲使用內地自助過關通道，可由深圳經多個口岸回香港時，在過內地關口前的信息採集點申請。

福田口岸站4號線入閘後有八達通優惠機，當日使用八達通乘坐落馬洲站出發之東鐵線列車可減6元。請注意福田口岸站4號線及10號線閘內範圍並不連通，如欲享用該優惠，只能乘坐4號線前往該站。

3. 現時部分關口設有免費穿梭巴士接駁到關口附近的商場和景點，不過路線及班次時有變動，這裏就不作詳細介紹了，建議大家可以在過關後留意相關的指示牌。

4. 現時部分跨境大巴公司有營運由香港市區直達深圳部分商場及景點的路線。雖然直通車座位較為舒適，但由於深圳經常塞車，時間較難預計，班次也稀少。

支付方式

1. 現金

內地法例規定商戶不可以拒收現金。但由於內地商戶已經較少接觸現金，有可能不夠零錢找贖，建議預先準備足夠零錢方便消費。

2. 香港跨境支付工具

現時不少港人常用的電子支付工具均有推出跨境支付功能，便利沒有內地銀行戶口的港人。唯各支付工具的適用範圍不一，暫時亦未有任何一個支付工具於內地所有消費情境均能成功支付。建議可多申請幾個跨境支付工具以便順利消費。另外大部分支付工具須進行身份認證才能於內地使用。

常見跨境支付工具內地商戶接受情況（截至2024年5月底）：

AlipayHK	幾乎能於所有線下消費情境使用（包括小店提供的各種收款碼），支援部分商戶的小程式網上下單，以及部分網上消費情境
銀聯二維碼App（如BOC pay、八達通銀聯卡等）	分線下商戶可使用，大型商戶、大型連鎖店、使用銀行提供的收款碼收款的小店通常都能支援
銀聯雲閃付	同上，外加可支援小部分網上消費情境
WeChat Pay HK	連鎖店支援程度較高，支援大部分商戶的微信小程式網上下單，以及部分網上消費情境

上述支付工具均能輕鬆綁定香港銀行卡，部分更可使用信用卡。除銀聯雙幣卡綁定雲閃付情況，其餘均以當日匯率即時兌換港幣結算，而匯率亦通常比找換店優勝，用信用卡亦可以順道賺取積分。

3. 內地電子支付工具及銀行卡

內地銀行戶口可綁定開通內地版本支付寶或微信支付。如親身前往內地銀行開戶，四大銀行中，中國銀行及工商銀行對港人的開戶要求較低，正常情況下只需內地電話號碼便可順利開戶。但有時部分分行要求會突然變得嚴格，建議可多走幾間分行查詢。

另外部分香港銀行有提供見證開立內地戶口服務，不過時間稍長，開立的戶口亦有較多限制。

4. 香港提款卡（銀聯）

內地大型商戶大多可以接受用銀聯卡支付。假如你沒有以上電子支付方式，又不夠人民幣現金，而你的香港銀行提款卡上有「銀聯」標誌，可嘗試用提款卡支付。不過此方式匯率會略差，建議只作應急之用。

深圳交通

1. 支付車費方法包括購買地鐵單程票、深圳通卡、銀聯雲閃付乘車碼、AlipayHK / WeChat Pay HK 跨境乘車碼、內地版支付寶 / 微信乘車碼等。

AlipayHK 深圳通乘車碼

2. 類似八達通的「深圳通」可用於乘搭地鐵或巴士，但不能作日常消費。實體版深圳通可於地鐵站內自助售賣機購買，並於地鐵客務中心或自助增值機增值。使用 iPhone 人士，亦可於 Apple Wallet 內綁定銀聯卡以開通電子版深圳通，並可隨時在 App 內增值，較為方便。

地鐵站的深圳通自助售賣機

3. 使用深圳通乘搭深圳地鐵可享 95 折優惠，乘搭巴士可享 8 折優惠。

4. AlipayHK 跨境乘車碼頁面的深圳通乘車碼同樣於深圳地鐵、巴士皆可使用，但不設上述優惠。

5. 新款實體 / 電子版深圳通均有「交通聯合」標誌，亦適用於其他城市。只要看到公共交通工具如巴士、地鐵、電車等有張貼該標誌，

即可用有「交通聯合」標誌的深圳通支付車費，一卡通行全國 327 座城市。但其他城市不能為深圳通增值，建議出行前先增值多一點餘額。

Apple Wallet 的交通聯合電子深圳通

6. 60 歲以上長者、身高 1.2 米以下或 6 歲以下兒童可免費乘搭深圳普通車廂地鐵，向閘口旁免費通道的工作人員出示回鄉證即可。

7. 兒童票（身高 1.2~1.5 米或 6 至 14 周歲）享半價優惠，但須於車站客服中心購買。

網約車

1. 內地地圖 App 可查詢目的地路線及交通方式，大部分巴士路線亦會提供班車預計到達時間。

2. 地圖 App 亦有召網約車功能，但須有內地電話號碼及內地電子支付工具才能使用。

3. AlipayHK 內置「高德打車」功能，方便只有香港電話號碼的人士於內地使用。

小貼士：

部分路線如另產生高速費用、過橋費等收費，司機可於訂單中添加，乘客最後線上支付即可。切記不要跟司機進行任何線下交易，有部分司機會向乘客要求支付線下跨城費用，甚或取消線上訂單轉線下交易等要求，乘客皆可拒絕。個人經驗是通常愈貴的車型，遇上以上情況的機會愈少。如有任何安全疑慮請立即下車，有任何疑問亦可聯絡高德打車線上客服。

電話卡

如需經常來往內地或需要開通內地銀行戶口，則需要申請實名的內地電話號碼。申請內地電話號碼的方法主要有：

1. 一卡兩號或內地副號

於香港電訊商門市申請辦理，毋須換 sim 卡，部分電訊商更提供漫遊電話接聽優惠，收費為每月港幣 $10~$30，具體收費請向電訊商查詢。

2. 內地電話卡

於內地電訊商（移動 / 聯通 / 電信）門市申請辦理，需要更換 Sim 卡或使用雙卡雙待手機；如要在港接收短訊需開通「漫遊服務」（注意不是「數據漫遊」）；若只需內地電話號碼，可申請超便宜的「保號套餐」，價格為每月人民幣 ¥5~8。

▸ 內地電訊商門市除了直營店亦有代理門店，因此每間的套餐計劃有所不同，辦理前建議多問幾間再做選擇。

▸ 增值方法：

• 門市（現金）/ 電訊商網頁或 App / 內地支付寶或微信支付

• 電話號碼若欠費會被停用，增值即可立即繼續使用；若欠費超過 3 個月則會被回收並發配給新客戶，有可能再用不到該號碼。

上網

1. 內地絕大部分商場、餐廳及景點均有提供免費 Wi-Fi，但部分須使用內地電話接收驗證碼才能連接。另外內地網絡正常情況下不能登入部分外國網站如 YouTube、Facebook、WhatsApp 等。

2. 香港市面上售賣的內地漫遊數據卡由於使用香港漫遊網絡，能在內地登入上述網站。

3. 香港各大電訊商亦有提供數據漫遊通行證或大灣區數據計劃，適合不同數據使用量人士選用。

餐廳

1. 現時內地絕大部分餐廳需顧客用手機掃描桌面二維碼點餐（微信或支付寶，部分商戶支援使用 AlipayHK）。快餐店更需使用支援的電子支付工具付款後才能成功下單。如無合適支付工具或無法上網，可要求職員幫忙人手下單，再以其他線下方式支付。

2. 餐廳一般有免費 Wi-Fi 提供，並且只需密碼登入，毋須用內地電話碼接收驗證碼。如餐廳並無於當眼位置張貼 Wi-Fi 密碼，可向店員查詢。

3. 部分餐廳可透過微信小程式美味不用等、微信公眾號或大眾點評線上遙距取號，減少現場輪候時間。

4. 內地大部分餐廳不介意顧客自帶外來食品（清真餐廳除外），所以可以預先購買茶飲店飲品到餐廳享用，甚至可以點外賣送到餐廳門口。

優惠

1. 內地很多商家在美團 / 大眾點評 App 上都有售賣團購券，價錢比正價划算，但只能使用部分跨境電子支付方式來支付，如雲閃付、WeChat Pay HK 及部分由香港發行的國際信用卡等。

2. 深圳部分商場與我合作推出港人獨家優惠，可在商場前台憑回鄉證拎取優惠卡，在指定商戶消費即可享有優惠，並可以任何支付方式支付。詳情可留意我在 YouTube 或 Facebook 上的公佈。

內地遊必備 app

地圖	高德 / 騰訊 / 百度地圖
高鐵購票	中國鐵路 12306
商戶優惠	美團 / 大眾點評
外賣	美團外賣 / 餓了麼
預訂酒店	酒店官方 App / Trip.com

高德地圖　　　　騰訊地圖　　　　百度地圖

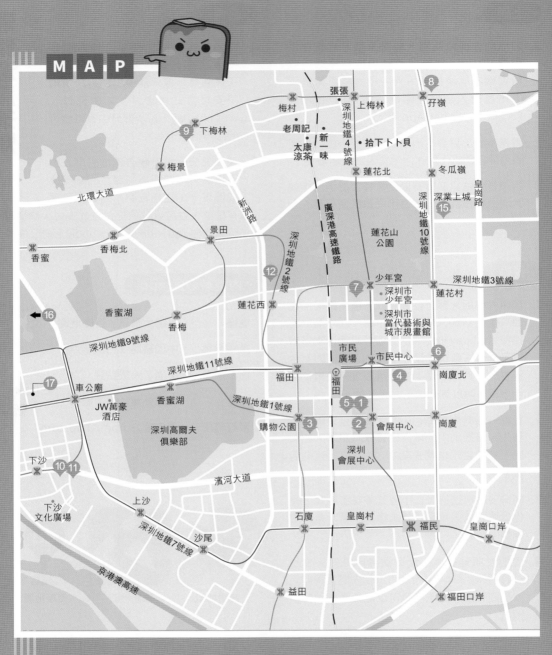

M A P

① 領展中心城 ② 皇庭廣場 ③ 星河 COCO Park（福田店）④ One Avenue・卓悅中心
⑤ 連城新天地 ⑥ 深圳之眼 ⑦ 深圳書城（中心城店）⑧ 卓悅匯購物中心 ⑨ A park 一個公園
⑩ KK ONE（京基濱河時代店）⑪ 中洲灣 C Future City ⑫ 翠葉道咖啡一條街
⑬ 中航城君尚購物中心 ⑭ 京東電器城市旗艦店 ⑮ 深業上城 ⑯ 印力中心
⑰ Store by .jpg（東海繽紛天地店）

福田

福田是深圳的中心城區，也是深圳十區之中我最愛去的地方。特別是地鐵會展中心站一帶規劃完善，連接多個地鐵站之間有一個非常龐大的地下商業街系統，行人不但能與車輛完全分隔開，也不用怕日曬雨淋來往附近一帶的大部分商場及寫字樓，商場之多足夠大家在這裏逛幾天幾夜！這個系統還在不斷擴展，2023 年開通了通往崗廈北站的深圳之眼西區，2024 年則開通了東區一段，而崗廈至崗廈北站的地下街也在建設中。

交通

從香港出發	香港各站	----- 東鐵線 -----▶	落馬洲站（福田口岸）
	天慈邨	----- B1 號巴士 -----▶	
	元朗（福康街）	----- 75 號小巴 -----▶	

疫情期間，領展中心城由於進行龐大的翻新工程，導致商場客流量大減，商戶出租率亦大幅下跌，甚至可以用十室九空來形容。不過自從 2023 年通關，這個商場「翻生」了，出租率不但迅速回升，更引進不少我很喜歡、而且在其他商場比較少見的餐廳。

商場設有「按摩放鬆一條街」，內有多間提供按摩、採耳等服務的商戶，例如常樂、靜耳、漣泰等。

領展中心城

通關後脫胎換骨的商場

地　福華一路 3 號
交　地鐵 1 或 4 號線會展中心站
　　B 出口直達

曾為大型超市的 B1 層，現已重新規劃為美食街，並於 2024 年 6 月初試業。不過由地鐵站出入口過來這邊不太方便，最近也要走到商場另一邊的中庭，才有前往該層的扶手電梯。

更有專業的香港中醫診所品牌農本方，據有到此求醫過的朋友說，他覺得內地分店不但便宜，而且有更長的問診時間，體驗會更好。

2023 年 9 月 OPEN

珍祿

地 M 層 062 號
時 11:00~14:00、17:00~21:00

粵菜餐廳珍祿雖然價格稍高，但我吃過兩次都覺得出品不錯，對得起它的價格。

脆皮玻璃乳鴿（¥56）
脆皮真的做到很薄脆，內裏亦鮮嫩多汁；調味相對簡單，味道以鹹香味為主，以突出鴿肉本身的鮮味。

冰燒三層肉（¥88）
雖然 ¥88 只有 12 塊，但是精挑細選不太肥的三層肉，而且肥瘦間隔很均勻，多吃幾塊也不覺得肥膩。外皮十分酥脆，肉質鮮嫩，肉香味濃，調味也剛剛好，幾乎找不到可以挑剔的地方。

招牌龍蝦湯泡飯（¥78）
超濃厚的龍蝦湯鮮味十足。比較可惜的是卜卜米剛上菜就立即全部倒進湯裏，導致食客要跟時間競賽，在卜卜米變得不再酥脆前要把整個泡飯吃光。如果可以讓客人自行倒湯，體驗會更好。

17

碼頭見・潮汕菜

地 G 層 008A 舖
時 11:00~14:00、17:00~21:00

碼頭見是來自廣州的潮汕菜餐廳海門漁仔旗下的副品牌，價格比較便宜。

這裏最有趣的是下單方式，是像海鮮大牌檔一樣走到門口看着樣板菜式來點單。

不同的是這裏是自助形式的，想吃甚麼的話，拿起該款菜式前面的魚型小牌子，再放進小籃子內。

涼拌花甲拼青口（¥55）

潮汕人很喜歡吃生醃海鮮，不過衞生風險較高，所以碼頭見就用上生醃所用的醬汁來醃製熟的花甲與青口。兩款貝殼都是超級肥美，加上很入味，真的很不錯，又能安心享用。

選好要吃的菜式後，把整個小籃子交給收銀處店員，他就會透過魚型小牌子內的 NFC 標籤快速用電腦下單。

香煎蠔仔烙（¥43）

以深圳連鎖店來說，這個煎蠔餅做得不錯。薯粉比例不會太多，煎得很脆口，更重要的是蠔仔多而肥美。唯一缺點是蛋香味稍為淡一點。

滷水拼盤（¥62）

滷水拼盤最重要的是滷汁夠香，而碼頭見的出品算是中等偏上水平。比較可惜的是當天的滷水鴨火喉過了一點，口感有點老。

2023 年 6 月 OPEN

山海錯・糟粕醋海鮮火鍋

地 L1 層 1041-1043 號
時 11:00~22:00

山海錯主打的是很有海南特色的糟粕醋火鍋，在深圳比較少見。

海南空運糟粕醋（¥58）
這種火鍋用上釀酒過程中產生的酸醋來做湯底，還會加入不同配料。味道是微酸、微甜、微辣，很開胃。

火龍果蝦滑（¥38）
山海錯的菜式比較新穎，火龍果蝦滑造型獨特，顏色鮮艷，打卡很漂亮。蝦滑夠彈牙，但鮮味稍微被火龍果味蓋過了。

招牌走地雞（¥48/ 小份）、羅氏大頭蝦（¥58）
我以往吃過深圳其他主打糟粕醋火鍋的餐廳，但覺得山海錯用料好一點。招牌走地雞雞味不淡，而羅氏蝦上菜時還在動，非常新鮮。

涮完海鮮後記得再品嘗湯底，這個時候的湯底除了微酸微甜微辣，還有酒糟香味和食材鮮味，令人想一喝再喝，挺不錯的。

19

松小芙 · 鬆餅 · 舒芙蕾

地 G 層東大門
時 週一至五 10:30~21:00、
　　週六日 11:00~21:00

雖然松小芙的梳乎厘價格幾乎已經及得上香港的，但無論味道及口感都近乎完美，推介它給我的朋友甚至說，梳乎厘的水平絕對不會差過日本的。

提拉米蘇舒芙蕾（¥48）
這裏的梳乎厘口感極度輕盈，真的能做到那股吃空氣的感覺！放進嘴裏迅速溶化，感覺好像沒有吃東西，卻又感受到很濃烈的蛋香味，那種感覺很滿足！更重要的是甜度較低，很符合香港人的口味。

草莓多多舒芙蕾（¥88）
這裏連水果也是選用比較好的品種，例如年初吃的這份士多啤梨梳乎厘，由於剛好是丹東紅顏士多啤梨當造季節，松小芙也是選用這種又甜又大的士多啤梨來製作。

不過記得要點「舒芙蕾」系列，而不是「舒芙蕾蛋糕」系列，因為蛋糕系列是近似雪芳蛋糕的口感，比較普通，但適合外賣享用。

2024 年 4 月 OPEN

寶珠奶酪

地 M 層 　**時** 10:00~22:00

酒釀桂花酪（¥25）
充滿顆粒感，有點像在喝稀釋版水牛芝士的感覺，口感跟平常的酸奶很不同，但很難以筆墨來形容。幾乎完全不酸，奶味很重，加上甜甜的桂花糖漿，很好喝。

寶珠奶酪是我以往在華東地區很喜歡的飲品店，中心城店是深圳首家門店。根據店舖介紹，它主打的宮廷奶酪又稱「中式奶酪」，用牛奶和醪糟汁製成，由北方少數民族發明，在元、明、清時期是屬於皇家才可享用的宮廷小吃。

魅 KTV（連鎖店）

地 M 層 003 　**時** 10:00~06:00

話說內地的卡拉 OK 以往最早只會在中午 12 點才營業，不過由於香港人習慣唱 Lunch K，所以這間離關口不遠的魅 KTV 提早至早上 10 點就開業了，下午也沒有落場時間。

這裏的硬件也是一流。大部分房間設有落地大熒幕，而且是用電話掃碼點歌及操控房間燈光、音效等，不用擔心大家要爭奪一個遙控器。另外歌單也比較齊全，香港歌手的歌曲大部分都可以找到來唱。

疫情期間皇庭廣場的情況表面上比領展中心城好一些，商舖的空置率沒那麼嚴重，不過也曾傳出皇庭打算賣盤的新聞。而通關後受惠於其極度優越的地理位置，商場成為不少港人北上的首選目的地，而巨大的人流亦吸引不少網紅商戶進駐。

2023年12月OPEN

FUFULAND · 生乳舒芙蕾

地 GZ-36 號舖　時 10:00~22:00

皇庭廣場

福田區港人最就腳商場

地　福華三路 118 號
交　地鐵 1 或 4 號線會展中心
　　站 C 出口直達

Fufuland 主打梳乎厘，當中以草莓抹茶舒芙蕾冰淇淋較受歡迎，不過好吃程度未及前文介紹的松小芙。

剛開業時，經常要大排長龍的 fufuland，最近我在下午繁忙時段經過，發現很多時候都不用排隊了。

雖然說是現烤，不過就現場所見我所吃到的這個已經做好一段時間，口感亦變得像雪芳蛋糕。

抹茶雪糕有頗多碎冰，士多啤梨味道也偏酸……

茉莉奶白（連鎖店）

地 B1-008 號舖　**時** 10:00~22:00

近年內地湧現很多廉價的國風奶茶品牌，一杯用鮮奶製作的奶茶只要十多元，但水準很不錯，奶味及茶味都很香濃，主要靠薄利多銷來盈利。茉莉奶白是在深圳起家的國風奶茶店，首家門店設在皇庭廣場內。

雖然同為國風奶茶店，不過每個品牌都有差異化的地方。例如茉莉奶白的奶茶大多帶有較重的花香味，感覺很清爽。杯子也設計得很少女風，所以較受女士歡迎。

一朵茉莉花（¥18）
既然名字叫茉莉奶白，最招牌的產品當然是茉莉花茶系列，當中又以一朵茉莉花最受歡迎。特別之處是它的奶蓋，帶有濃烈的茉莉香氣，令整杯的花香味超級濃郁。綠茶的清雅配搭茉莉花香，感覺很清新。

俄士廚房

地 G 層 G-2 號舖
時 11:00~21:30

或許由於近年俄羅斯經濟大幅放緩,內地多了不少與俄羅斯相關的商戶,特別是俄羅斯菜餐廳,俄士廚房是比較網紅的一間。

莫斯科紅菜湯(¥28)
雖然我沒有去過俄羅斯,不知道這裏的出品是否正宗,不過它最招牌的紅菜湯,卻跟我想像中的俄羅斯紅菜湯有差異。紅菜頭的比例很少,番茄及薯仔的比例較多,味道有點像超級足料版的茶餐廳紅湯。

莎士雷可・雞肉(¥79/3 塊)
幸好這個俄羅斯特色的大肉串「莎士雷可」,味道很不錯。雖然不是用上新鮮雞肉,但完全沒有雪藏味,更有一點雞味,醃料以鹹香味為主。最出色的是肉質十分嫩滑,加上每塊雞肉都很大塊,啖啖肉,很滿足!

俄羅斯格瓦斯(¥25/ 杯)
味道有點淡,不試無妨。

前莫斯科香腸(¥69)
超長的脆皮肉腸,咬下去甚至有點爆汁的效果。

疫情前深受港人喜愛的星河 COCO Park 已完成翻新工程。最明顯的改動是戶外中庭空間，移除了多個礙眼且使用率較低，或與商場定位不符的設施，例如樓梯、兒童攀爬架等，以增強空間感；四周亦增設了多條扶手電梯方便上落；主色調則變成白色，更有科技感。

星河
COCO PARK
（福田店）

福田區最受年青人歡迎的商場

地　福華三路 268 號
交　地鐵 3 號線購物公園站 C/F/G 出口

在商場大門馬路對面還新開了二期的部分，當中最吸引港人的商戶是 2 樓的天虹超市，也是福田核心區一帶唯一一個大型傳統超市。

2023 年 9 月 OPEN

大鴿飯

地 L3-021 舖　時 11:00~21:30

來自廣州，主打各式乳鴿食品的大鴿飯，可以說是近期福田區最紅的餐廳之一。即使是平日中午，也有可能要輪候一個小時以上。

大鴿飯的乳鴿味道很豐富，除了是鹹鹹甜甜的，還有多種香料混合而成的甘甜味道。外皮雖然不是玻璃脆皮，但也很夠香脆。

生炸紅燒鴿（¥59）
首先會原隻上菜，然後再由另一位店員用鉸剪剪開，確保肉汁不會流失太多。

還會配上一杯小的百香果汁（即熱情果汁），以作解膩之用。

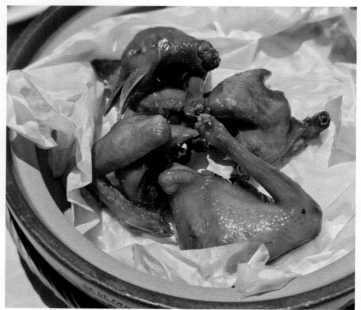

黑松露大鴿飯（¥69）
與餐廳同名的黑松露大鴿飯，即是鴿肉煲仔飯。加了超多的碎黑松露，我甚至覺得有點多，不太能品嘗到鴿肉味道，但如果喜歡黑松露，應該會很喜歡。

經典鹽焗鴿（¥59）
除了紅燒，這裏也有鹽焗鴿。不過到訪當中所見的乳鴿比坊間的略小。

雞油菌鴿湯萬年青（¥46）
這裏還有其他乳鴿菜式，例如撈乳鴿、鴿湯萬年青等。

2023 年 5 月 OPEN

ALIMENTARI MULINO
義大利餐吧 & 烘培

地 B1-025 舖　**時** 10:00~23:00

據餐廳介紹，Alimentari 在意大利語中為「雜貨舖」，Mulino 則指「磨坊」。這是一家來自上海、融合了烘焙、酒吧及咖啡店的餐廳，主打親民的意大利菜。我覺得這家餐廳的西餐水準以深圳來說的確很高，重點是價格不貴！

紅色的梳化椅及木質休閒座椅，加上室內外的開放式空間設計，營造出輕鬆自在的氛圍。

蟹肉千層麵（¥95）
我最愛的是這裏的蟹肉千層麵。濃濃的芝士混合超豐富的蟹肉，再疊加千層麵，每一口都吃到芝士香氣和蟹肉鮮味，無論是喜愛芝士或蟹肉都會感到非常滿足。

開心果拿破崙（¥40）
開心果忌廉真材實料，堅果香味很濃郁。酥皮口感很酥，但略為不夠脆。

2024 年 1 月 OPEN

淡馬茶坊

地 L1-108B 舖　**時** 08:30~00:00

來自江蘇無錫的奶茶品牌，主打潮汕特色茶飲。

白桃生炸黃皮（¥28）
煙嗓楊桃橄欖冰（¥26）
杯子外壁包着一圈厚實的牛皮紙，再貼上印着潮汕、閩南等地名的貼紙。選用的食材比較有特色，例如潮州黃皮、普寧橄欖、閩南芭樂、海南蓮霧等等。對比坊間有類似產品的茶飲店，這裏的出品比較普通，不過坊間的很少同一家店會有做這麼多種水果產品，這裏勝在種類夠多。想找有新鮮感的茶飲的話，這裏一定可以滿足到你。

小貼士

福田 Coco park 旁邊是深圳現時第一高樓平安金融中心，116 樓是觀景台，可以看到幾乎大半個深圳，以及深圳河對岸的香港新界北一帶。另外底下還有一個商場，不過出租率較低，這裏就不作介紹了。

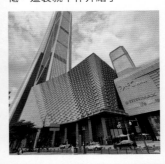

ONE AVENUE・卓悅中心

福田區最大商場

地 福華一路 348 號
交 地鐵 1 或 10 號線崗廈站 B
　出口直達

卓悅中心北區於 2022 年開業後，連同疫情前已開業的東區及西區，令整個商場成為了福田區最大的商場。

地面中央位置的「中央大街」，是現時福田區人流最旺的戶外公共空間，一些大型活動更不定期在此舉辦。

CGV 影城（激光 IMAX 店）

地 西區 B2 層、4 層

我很喜歡來自韓國的院線品牌 CGV，目前深圳有三間分店。卓悅中心店共有兩個樓層、6 個特效廳，當中 IMAX 及 SPHEREX 廳皆設在 4 層，其餘則在 B2 層。

這裏是福田中心區兩個設有 IMAX 廳戲院的其中一個（另一個在平安金融中心的英皇戲院內）。

4DX 廳所有座位均是動感座椅，電影播放時伴有震動、前後左右搖晃等動作特效，有種身臨其境般的立體感受。不過注意並不是所有電影都有這種效果，建議購票前先向戲院查詢。

小炳勝

地 西區 L5-L502
時 11:00~15:00、17:00~22:00

來自廣州的炳勝集團的年輕品牌，比起炳勝較高端的菜式路線，小炳勝的價格較貼地。但由於用料還是比坊間的連鎖粵菜餐廳好一點，所以價格仍然偏高。

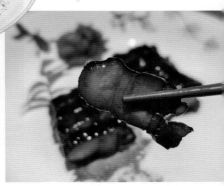

黑松露脆皮文昌雞（¥128/半隻）
用的是走地雞，真正的皮脆肉嫩，雞味以文昌雞來說也不淡。上菜時淋上的黑松露高湯也很特別，喜歡黑松露味道的話這道菜應該會很驚喜。

秘製黑叉燒（¥98）
有別於香港的叉燒通常選用梅頭部位，內地的通常使用五花腩。由於肥肉比例較高，所以也會較肥膩。炳勝的黑叉燒也一樣，不過外皮燒得很焦脆，甜度適中的醬汁會令你覺得肥膩，依然會想忍不住吃它。

招積茄子（¥58）
茄子大塊飽滿，外酥裏嫩，甜甜的醬汁和茄子很合襯，也是很受歡迎的菜式。

雪山奶露包（¥9.8/個）
這個是我跟朋友每次來都必點的。麵包蓬鬆飽滿，加上濃濃的奶香味，也不會太甜。

2023 年 5 月 OPEN

蘑界野生菌石鍋雞

地 東區 L240 **時** 11:00~22:00

野生菌石鍋雞（¥88）
石鍋用的是源自西藏的非遺鍋具，叫做墨脫石鍋。湯底中有多種菇菌例如繡球菌、牛肝菌等，非常濃郁，有種很滋補的感覺，很不錯。

海南文昌雞（¥79/半隻）
文昌雞皮爽肉嫩，雞味稍微淡一點，但因為用的是走地雞，以文昌雞來說水準偏上。

2024 年深圳很流行以生態木材、水泥牆等為主建築材料的餐廳風格，讓客人有種回歸自然，品嘗山珍美食的感受。主打雲南野生菌的蘑界就是代表之一。

BLEND 咖啡部落

地 北區 N128 號
時 08:00~22:00

咖啡部落的西式 Brunch 絕對是我近年在深圳吃過性價比最高的！（不好意思忘記拍卓悅中心店的門面，這是南山書城店的～）

英式全餐元氣早餐（¥58.5）
英式全餐有脆煙肉、香腸、薯餅、牛油炒蛋、焗豆等，這個價位來說性價比很高。我最喜愛的是炒滑蛋，奶味香濃，口感幼滑，甚至比內地不少五星級酒店的炒滑蛋還要好吃！就連薯餅也是很好吃，選用很優質、口感十分粉嫩的薯仔，不但薯味香濃，也炸得很香脆。

莓果森林（¥38）
雖然我不愛咖啡，但超級喜歡這杯莓果森林！莓果果香味很重，而且與咖啡香氣能做到合二為一。加上酸酸甜甜的很易入口，大量的氣泡口感綿密，很容易就把整杯喝光，然後會有一種很意猶未盡的感覺。

當紅博士奶茶（無咖啡因 ¥33）
選用的是無咖啡因的南非國寶級博士茶，奶味很重，更有很強烈的回甘及花香味，很適合我這種不懂咖啡的人享用。

HOTPLE COFFEE
韓國咖啡

地 東區 L128 號
時 24 小時營業

一家在福田核心區比較少見的 24 小時咖啡店，如果晚上睡不着，不妨來這裏點一杯咖啡，讓你當晚的精神更飽滿 XD。

蜜桃冰美式（¥28）
雖然我是不懂咖啡的人，不過過去半年因為需要撰寫深圳及佛山旅遊書，前前後後應該已喝過超過 100 間咖啡店的出品，也令我有一點能力辨別咖啡的好與壞。老實說這杯咖啡香味稍遜，或許大家可以試試其他款式。

可麗露（紅茶 ¥20）
不過這裏的可麗露很好吃，外面很酥脆，中間很煙靭，茶香味很重，對得起它的價格。

這裏的裝修風格是走韓流型格風，以黑色作主調（連餐具也是黑色的），所以經常會見到不少人在店內打卡。

OLE 精品超市（連鎖店）

地 西區 B1 層 B114-B133 舖
時 10：00~22:00

華潤旗下的 Ole 是深圳最高檔的超市，定位有點像香港的 City'super。

店內有不少貨品是進口貨，價格較香港貴很多，在這裏購買前最好先格價。

THE ROLL'ING 手作瑞士卷專門店

地 東區 B1　時 10:00~22:00

這家跟 KUMO KUMO 同一集團的 Roll'ing 是很會做營銷的瑞士卷專門店。不過味道不算十分突出，如果要排長龍就留待下次有機會再光顧吧！

Ole 的水果質素大多有保證，基本上很難買到不好吃的水果。因此想買水果帶回香港的話，這家超市是比較好的選擇。

卓悅中心店另一端門口連通到皇庭中心地庫，再到連城新天地近會展中心站 A 出口。所以可以穿過這個超市前往會展中心站，反之亦然。

附近商場

福田卓悅 INTOWN 購物中心

地 金田路與福華三路交界處
交 地鐵 10 號線崗廈站 D 出口步行 540 米

卓悅中心與福田卓悅 intown 由於只是相隔一個路口，所以經常被人混淆。雖然 intown 並沒有連通到地下街系統，而且戶外部分比較多，但餐飲比例較高，依然吸引不少港人到訪。

福田核心區整體的城市規劃很好，不但馬路寬敞，商場眾多，更好的是有非常龐大的地下街系統，足足連通了 5 個地鐵站和 1 個高鐵站，以及非常多的商場和寫字樓。透過地下街前往各個商場遊玩，就不怕日曬雨淋了。

整個地下街系統之中，最重要的一條是連通會展中心、購物公園及崗廈站的連城新天地。現時這條街上主要進駐了一些快餐店，是附近打工仔的飯堂。

連城
新天地

福田打工仔飯堂

地 福華路地下商業空間 B1 層
交 地鐵 4 號線會展中心站 B 出
口

這裏有不少零售店舖都是山寨品牌，選購之前要留意呀！

陳香貴蘭州牛肉麵
（連鎖店）

時 10:00~21:00

大約在 2022 年年初，內地突然湧現不少連鎖蘭州牛肉麵店，當中最常見的品牌有陳香貴、馬記永、張拉拉等。各品牌無論是菜式選項、出品水準都大同小異，這裏以陳香貴作例子。

牛骨清湯牛肉麵（¥28）
麵型有 8 種選擇；湯底是用牛大骨熬製，骨香味濃。牛肉分量雖然少，不過這也是蘭州牛肉麵的一大特色，所以像我一樣的食肉獸肯定要再加其他肉才夠滿足。

最大特色是師傅現場拉麵條，而且可以無限任添，食量大的話，絕對可以吃得很滿足。

下單時可以選擇辣度。建議先點辣度較低的，因為不夠辣的話，每枱枱面上均有一大罐秘製辣椒油可以添加。

鋼釺羊肉小串（¥16/5 串）
這些蘭州牛肉麵品牌都有賣這些小串的羊肉串，肉量也是太少，不夠滿足，勝在羊羶味不重。

蘇曉玥 · 江南小吃（連鎖店）

時 10:00~21:00

蘇曉玥主打南京鴨血粉絲湯，由於以鹽水鴨熬成的湯底鮮味十足，加上口味清淡，是我很喜愛的南京美食。

全家福鴨血粉絲（¥29）
全家福可以讓你一次吃到各個部位，例如鴨肉、鴨腎、鴨心、鴨膶、鴨血、鴨腸以及豆腐、榨菜粒、香菜等配料。鴨腸爽脆彈牙，鴨肝脂香滿溢，鴨血細膩滑嫩，舌尖輕輕一頂就碎。

粉絲用的是紅薯粉，吸滿了油脂，透着鴨肉的鮮香。

蟹粉小籠湯包（¥19）
一籠有三個，肉餡算飽滿，蟹粉不少，能嚐到蟹粉味道。湯汁多而鮮美，一口喝下去甚是滿足。

萬利記 · 長沙粉麵小吃（連鎖店）

時 10:00~21:00

主打長沙米粉的萬利記是深圳一家頗多門店的湖南小吃連鎖店。

辣椒炒肉粉（¥26）
萬利記用的是手工扁粉，細滑有筋道，米香味濃。長沙米粉的一大特色是加在粉上的「碼料」，即炒製過的餸菜，例如炒肉絲、辣椒炒肉等。

潮好味（連鎖店）

時 10:00~21:00

一碗香拆骨肉乾挑麵（¥25）
除了湯米粉，也有乾麵的選擇。選用拆骨肉雖然比較稀碎，但由於貼近骨頭，肉香味也零舍濃郁。

提起深圳打工仔最愛的快餐美食之一，就不得不提源自潮汕地區，揭陽市惠來縣隆江鎮的隆江豬腳飯。豬腳飯即是用潮州滷水滷製得很軟很爛的豬腳，配以白米飯及鹹酸菜。由於出餐快捷，味道不錯，有菜有肉，價錢不貴，自然成為打工仔首選。雖其他小店的豬腳飯性價比會高很多，但衛生環境大多很一般，香港人未必接受，所以就以深圳比較大型的連鎖豬腳店品牌潮好味作例子。

金獎豬蹄四點金飯套餐（¥47.5）
其實普通的豬腳飯已經很好吃了，不過如果想更好吃，建議點潮汕人最喜歡吃的部位「四點」，即豬蹄對上一點的部位。

這個部位只有一大一小兩條骨，比起大腿肉來說沒那麼肥，比豬蹄又多點肉。

套餐裏面除了豬腳飯之外還有肉卷。肉卷又稱廣章，充當豬腳飯的「綠葉」，也是潮汕人日常菜式之一。肉質結實，口感彈牙，肥肉比例適中。

老長沙臭豆腐（¥12）
臭豆腐據說是現炸的，要等 10 分鐘左右。香辣，但口感比較實，不夠吸汁，另一家湖南粉麵品牌大弗蘭的出品會較好。

西區

地 崗廈北站 2-6 號出口方向

深圳之眼

科幻設計巨型地鐵站

地 地鐵 2、10、11、14 號線崗廈
　 北站站內

2023 年版跟大家介紹過四線交匯、設計得十分科幻、超巨型的地鐵站，又名「深圳之眼」的崗廈北站，相信有不少去過深圳的讀者皆有到訪並打卡，這裏就不花篇幅再作介紹了。

連通至卓悅中心的西區，特色是樓底非常高，加上燈光明亮，沒有其他舊式地下街的壓迫感。亦由於連通至福田最大商場卓悅中心，人流量很大，大部分吉舖已於過去一年內陸續成功出租。

連通至該站的地下街，除了有 2023 年介紹過的西區，2024 年亦開通了東區。而連通到崗廈站的南區室內工程也將告完工，相信很快就會開幕。

東區

地 崗廈北站 13-15 號出口方向

東區是一條堀頭路，並沒有與任何商場或地鐵站連通，主要是方便周邊的寫字樓人員前往地鐵站。現時進駐的商戶以快餐店為主。

小楊生煎（連鎖店）

上海馳名的生煎品牌小楊生煎，即使品質有時不穩定，不過我始終很喜歡這個品牌，所以在這裏簡單介紹一下。

小楊生煎的特色是皮非常薄，湯汁超級多，所以不太建議直接咬，不然湯汁噴發出來一定會十分狼狽！

建議先在皮上咬一小口，吸裏面的湯汁，再用力吸乾，最後才點一點醋咬開生煎包。

山野泡泡

山野泡泡主打的滇橄欖，其實即是油柑。不過這些油柑有預先醃製過，所以帶有鹹味，感覺上喝完喉嚨會更舒服。

這裏有不同濃度可供選擇，不過如果第一次喝，建議先點最淡口味，因為我試過點最濃味的，喝到一半已經覺得太重口味，不想再喝了。

茶話弄（連鎖店）

來自西安的茶話弄是近期在深圳擴張得比較快的國風茶飲店品牌。我覺得它的特色並不明顯，主打是各種花茶？還是果茶類產品？

雖然如此，它的招牌產品桂花引卻深得我心，因為桂花味的確比坊間其他桂花類茶飲香濃得多！喜歡桂花味的話，千萬不要錯過。

東區的戶外部分建了一個約 3 層高的室外攀石牆，是我在福田中心區第一次見到這麼高的。

深圳有不少「書城」。書城內除了有賣書的地方，也有餐飲店舖、文創精品店及其他類型商戶，可以說是「親民版」的誠品生活。各書城之中面積最大的是少年宮站上蓋的深圳書城·中心城。

深圳書城
（中心城店）

深圳最大書城

地　福華一路 2014 號
時　10:00~22:00
交　地鐵 3 或 4 號線少年宮站 C2 出口直達
建　建議遊覽時間：2~4 小時

這裏有分南北兩區，在兩區的連接處設有兩個大台階，經常會舉辦文化活動，吸引不少人圍觀，央視著名主持白岩松更認為這裏是深圳最美的風景。

扣香脫骨豬手（¥48.8）真的名副其實做到完全脫骨，豬皮更是入口即溶，帶有濃烈的煙燻香味，非常好吃。

這裏還有一間與深圳大型連鎖西式輕食餐廳 gaga 合作的 24 小時書店，供讀者在這裏通宵閱讀。

老鄭家（連鎖店）

假如你喜歡片皮鴨那種用荷葉餅包裹食材的食法，應該會很喜歡這家老鄭家。因為東北春餅其實就是這種食法，只是用上其他美食作為餡料包裹。

京醬肉絲（¥52.8）

最招牌的是京醬肉絲，即是以甜麵醬及京葱絲炒製的豬肉絲，老鄭家的口味會偏鹹一點。

除了青瓜條和京葱絲，也可以加入剁椒及芫荽包着來吃。不懂如何包的話，可以按照碟上的說明來做。

鍋包肉（¥58.8）

切得超薄的豬肉，外面包着超酥脆的炸粉，配以甜甜的醬汁，如果喜愛吃膨化食品，這道菜絕對會令你「食到停唔到口」！不過建議上菜後盡快吃光，因為放久了很容易變硬。

霸王茶姬（連鎖店）

說到近年最紅的國風奶茶店，就不得不提霸王茶姬。最大特色是部分產品會標明卡路里，讓重視健康的人能放心選擇適合自己的茶飲。而且性價比高，大部分茶飲均有兩種大小可供選擇，雖然大杯比中杯只是貴一點點，容量卻大很多，感覺更划算。

青青糯山（¥18/大杯）

雖然它的招牌是伯牙絕弦，但我更愛它的青青糯山。以雲南特產草本植物糯米香葉製成，帶有濃郁的糯米香，非常特別。不過因為大部分產品的咖啡因濃度較高，所以我也較少光顧了。

附近景點

書城位於深圳市的中軸線上，天台是一條戶外步道，以天橋形式無縫連接到南面的市民中心及北面的蓮花山公園。

書城附近還有深圳博物館、深圳當代藝術與城市規劃館、深圳圖書館、深圳音樂廳、深圳工業展覽館等景點，可以順道逛逛。

市民中心對出的市民廣場是觀賞福田核心區天際線的其中一個熱門地點。晚上還可以在這裏觀賞類似幻彩詠香江的燈光表演呢！

卓悅匯購物中心

上梅林一帶唯一大型商場

地 福田區中康路 126 號
交 地鐵 4/9 號線上梅林站 L 出口直達

由香港過來卓悅匯的交通真的很方便。由福田口岸過關，乘搭地鐵 4 號線，6 個站至上梅林站，從 L 出口出去便無縫連接至商場的 B1 層。

另外，附近的城中村也隱藏了不少美食，品嘗美食後，就可以過來卓悅匯 hea — hea。

2024 年 2 月 OPEN

菜板 · 烤牛內臟專門店

地 L3-13 舖　時 11:00~22:00

2023 年也有跟大家介紹過的菜板，是一家由東北人主理，專門吃韓式烤牛內臟的餐廳。我有香港朋友的韓國人老公也說菜板的出品十分正宗，經常北上就是為了吃這家餐廳。今年菜板終於新開了第一間分店，選址在卓悅匯。

一米牛大腸（¥89）

如果特別喜歡吃牛腸的話，就可點這個超超超長 —— 足足有一米長的牛腸。烤好後的肥腸，肥而不膩，超級 Q 彈，脂香四溢，十分邪惡卻很有滿足感。

牛內臟拼盤（¥99）

招牌「牛內臟拼盤」有三款牛雜。牛心爽脆，帶點嫩滑口感，肉香味濃。牛肚彈牙中還帶點脆脆的感覺，和港人常吃的金錢肚口感很不一樣。

冰渣冷麵（¥24）

由 2023 年至今，菜板新增了不少新的菜式，最特別的是這個用巨型冰碗來承載的冷麵。吃完火辣辣的烤牛內臟，來個冷麵，立即透心涼，非常適合炎炎夏日。

43

肉祭燒肉一番

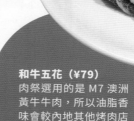

地 L5-31 舖　**時** 11:00~14:00，17:00~21:30

肉祭是深圳近年崛起得比較快的連鎖日式烤肉店，人均消費略高，不過肉類質素也較高。

由於主打的是**日式烤肉**，大部分肉都並沒有事先醃製過，所以醬汁變得尤其重要，每枱會配備多達 6 種調味料。

元氣長肋肉（¥79）
建議大家先吃這個牛味相對較淡的招牌元氣長肋肉，因為和牛肉味較濃，容易蓋過其他食材的味道。

和牛五花（¥79）
肉祭選用的是 M7 澳洲黃牛牛肉，所以油脂香味會較內地其他烤肉店的肉濃郁很多。

小貼士

內地不容許進口日本和牛，所以如在內地餐廳看到聲稱是日本和牛的牛肉，要不是假的，要不就是非法進口的牛肉，無論如何都不建議大家吃。

麵包冰淇淋（¥26）
麵包先在烤架上烤過，對折後中間夾住雪糕，雖然食材和做法真的很簡單，但卻可感受冰火交融的快樂。

墨格

地 L417 舖

2023 年有跟大家介紹過甘坑一家我很喜歡的文創手信店貓的天空之城。雖然它所設計的手繪風手信真的很有特色，不過要山長水遠走到甘坑才能買得到。幸好最近它開創了副品牌墨格，並把門店設於此商場內，現在於市區就能買它的產品了！

2023 年 5 月 OPEN

拾下卜卜貝・海鮮火鍋

地 中康路 8 號雕塑家園 1 層 101 號
時 17:30~ 翌日 1:00

拾下卜卜貝曾是深圳很紅的網紅卜卜蜆品牌，後來卻因不敵疫情而倒閉，去年捲土重來，在梅林重開了。

招牌海鮮湯＋雙拼卜卜貝（白貝拼美貝）（¥77.9）
老實說這些貝類在街市也很容易買到，而且這批不算很肥美，但很鮮甜；湯底也鮮味十足，加上份量不少，很滿足！

看着卜卜蜆在滾湯中打開的畫面非常治癒。

現切雪花牛肉（¥58）
只吃卜卜貝的話不夠飽肚，吃完貝類之後的湯底還能用來涮火鍋。牛肉比想像中的好，牛味頗濃，雪花紋也算漂亮，而且夠新鮮，我甚至覺得比深圳部分連鎖潮汕牛肉火鍋的牛肉還要好呢！

絕配蘿蔔絲（¥8）、順德魚腐（¥26）
此湯底也很適合涮一些吸汁的配料，一口咬下去滿滿的白貝甜味，非常滿足。

老周記順德雙皮奶

地 上梅林新村 3 棟 3-2 舖
時 15:00~21:00
休 週二

順德雙皮奶（¥12）
這裏的雙皮奶絕對是我暫時在深圳吃過最好吃的！用真正的水牛奶製作，奶味香濃，蛋白香味也適中，口感幼滑，更重要是奶皮超超超厚！

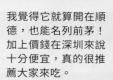

我覺得它就算開在順德，也能名列前茅！加上價錢在深圳來說十分便宜，真的很推薦大家來吃。

新一味潮汕腸粉王

地 上梅林新村 216 棟 104 舖
時 7:00~14:00，17:00~21:00

生蠔拼蝦拼牛肉腸（¥35）
老實說 ¥35 一份的腸粉並不便宜，好在蝦超級新鮮，蠔仔很肥美，牛肉雖預先醃過但有牛味，總體味道不錯。

腸粉皮非常薄，帶一丁點 Q 彈。

秘製醬汁很黏稠，上菜之前老闆會灑一大勺黃金炸蒜蓉在上面，因此整碟腸粉吃起來有濃烈蒜香，整體而言我覺得這碟腸粉質素挺高的。

太康涼茶

地 上梅林新村 58 號 -6
時 12:30~23:00

喝藥也搞得有點儀式感，一人一壺一杯。店面雖小，老闆卻十分熱情，更會與你閒話家常，很療癒。

這是一家很特別的「即煮」涼茶舖，老闆會根據你的症狀配好藥材粉，然後立即煲藥，確保「對症下藥」（因涉及中藥治療，大家自行決定是否適合自己）。

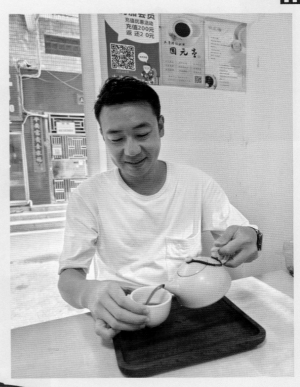

張張麵包店

地 黃祠巷 105 號
時 週一至三 9:30~19:30，
　 週五至日 9:30~18:00
休 週四

大蒜奶油麵包（¥13）
每天早上下午兩輪限量售賣；咬下去的第一口我就明白為甚麼如此受歡迎：看起來普普通通的麵包咬下去外皮竟是脆的，麵包非常鬆軟，內裏還有忌廉芝士夾心。
牛油、芝士、蒜蓉和小麥的香氣在嘴裏激盪着，卻又十分融洽，我一吃便愛上了！

由舊工廠改造，前身是建於上世紀 90 年代的一個電子廠。改造後走工業風，共有 6 棟單體建築和一個室外公園廣場，保留了水泥地面和紅色磚塊，帶點愜意和休閒感，是深圳少有的**公園式商業街區**。

地面的公園廣場邊上集中了非常小眾的茶飲、咖啡、寵物店等品牌，別具特色，現已成為深圳現時最「in」的地方，不時會看到穿着打扮走在潮流尖端的人在這裏 hea 一個下午。

2023 年 9 月
OPEN

A PARK
一個公園

深圳潮流人士聚腳地

地　福田區梅華路與梅麗路交叉口西南 60 米

交　地鐵 9 號線下梅林站 A 出口步行 340 米

2023年11月OPEN

回春調茶

地 G 層 15 號　時 10:00~22:00

草本養生茶飲品牌，店內裝修非常中式，有中藥店的抽屜藥櫃、古玩桌椅、舊縫紉機改造的桌子等，充滿了懷舊氛圍感。

A THING COFFEE

地 G 層 13 號
時 週一至五 8:00~20:00，
　　週六日 8:30~20:30

據說創始人是兩位韓國人，開設
咖啡店是為了讓深圳人也能體驗
到韓國咖啡文化和流行趨勢。

阿叮咖啡（¥36）
韓國很流行的一款咖啡，在咖啡上加上一層厚忌廉。品嘗時先
用勺子把忌廉和咖啡一同舀起來吃，然後可以不用吸管直接端
杯喝。不過我就覺得忌廉比例較少，奶味不夠香濃。

阿叮醜曲奇 ¥18
即美式軟曲奇。口
感軟中帶微脆，朱
古力很香濃，堅果
比例也很高，為曲
奇增添更多脆脆的
口感，很不錯！

中藥抽屜櫃，很有中式復古風情。

甘草檸檬茶（¥28）
飲品採用涼茶成分的原
料，並不含茶。例如甘
草檸檬茶即是甘草搭配
金銀花，五指毛桃檸檬
茶用的是五指毛桃加上
土茯苓。這是家真正的
養生茶飲店，也很適合
經常喝涼茶的香港人。

白玉串城・朝鮮族烤串
（深圳總店）

地 南區 L123A 號　　**時** 11:00~24:00

白肉串城是我近期認為質素比較好的連鎖燒烤店之一，主打東北燒烤。

KK ONE
（京基濱河時代店）

下沙最具人氣商場

地　福田區濱河大道 9289 號
交　地鐵 9 號線下沙站 B 出口

KK ONE 是上下沙及車公廟一帶最大的商場，由於與地鐵幾乎無縫連接，交通十分方便。加上，其定位較為貼地，所以出租率也較高，有不少較受歡迎，且有特色的店舖進駐。

招牌白玉串（￥28.8/ 半打）
牛肉預先調味過，甜甜鹹鹹帶有一股濃烈的蒜香味。

調料每人一份，有獨立包裝，連碟子都是用保鮮膜包着的，比起其他燒烤店感覺衛生不少。三款乾粉分別是特辣、香辣和芝麻。

最大特色是每枱的自助燒烤架。我以前在香港好像有見過類似的自助燒烤架，不過這裏是用炭火來燒的，在香港應該難以找到，炭火令烤出來的串燒風味更獨特。

用自助燒烤架可自行控制火候，做到外脆內嫩的口感。而烤好後，可放在架子上層保溫。

琿春串（¥4.8/串）
也是牛肉串，不過是辣味的，牛肉味就沒有招牌的白玉那麼重。

黃蜆子（¥68/份）
貝殼類是用特製的網來燒。看着蜆打開的畫面非常治癒！但可能是季節問題，之前來吃過幾次黃蜆非常肥美；但這次到訪的偏小，有點失望。

2022 年年底開業的中洲灣 C Future City 整體設計融入了豐富的潮流和科技元素，但商場出租率不算太高。

不過這裏依然有一些特色商戶，例如來自日本的書店品牌蔦屋，享有「世界最美書店之一」的盛名，充滿藝術感和時尚感。

2022 年 12 月
OPEN

中洲灣
C FUTURE CITY

科技與時尚潮流商場

地　福田區濱河大道 9283 號
交　地鐵 9 號線下沙站 B 出口

商場也有一個收費的 teamLab 常設展覽，跟香港早前舉辦的期間限定展覽都是面向親子客群，而且內容更豐富，價格還更便宜。

原本在戶外的 7 米高 BE@RBRICK，近來搬到了 B2 層，站在它面前打卡，顯得我特別嬌小。

商場公用地方還有三個可供大家免費打卡的 teamLab 互動展品。

2022 年 12 月 OPEN

寰映影城
（中洲灣激光 IMAX 店）

地 3/F

過百年歷史的寰映（HOYTS）是來自澳洲的著名戲院品牌，由萬達集團擁有。此中洲灣店是萬達院線在深圳市的首家高端品牌影城。

戲院最獨特之處是其座椅設計，部分影廳的首排座椅換成躺椅，就算坐在最前排也能舒舒服服地觀影。

較後排還有情侶座椅。

2022 年 12 月 OPEN

仁信老舖雙皮奶

地 北區 B125 號舖

雙皮奶（¥20）
發明雙皮奶的仁信雙皮奶，源自順德，現時在深圳也有分店。

水準稍遜順德店，價格也較貴。

1 號廳是有特別裝飾的「兒童廳」，色調很活潑。前排則是雙人梳化座椅，親子一同在此觀看動畫電影就最適合不過。

景田的翠葉道近年開設多家咖啡店，慢慢發展成為深圳頗為知名的咖啡一條街。不到 100 米的小巷子兩步一 cafe，而且每家均各具特色。

雖然每間咖啡店的面積都不大，但大部分都會在店外行人路旁擺放一些戶外座位。加上附近車流不多，建築密度也比較低，鬧中取靜的感覺十分寫意。

翠葉道
咖啡一條街

深圳最著名咖啡街

地　福田區翠葉道
交　地鐵 2 號線蓮花西站 A 出口步行
　　480 米

COFFEE V.P.N. 咖啡微品

此店最大特色是香水特調，把香水氣質與咖啡結合。門店展示的香水都有對應名字的咖啡。

白女巫（¥34.9）
與咖啡同名的香水會噴在介紹紙卡上，紙卡詳細介紹了該款咖啡的前中後調，很有特色。

VPN 咖啡算是街上最顯眼的一家，有兩個店面，白色牆身搭配原木色調。

原本很想嚐嚐店內的 waffle，可惜到訪當日剛好機器壞了。不過聽到好多客人想點，應該不會太差，如有興趣的讀者有機會的話可不妨一試。

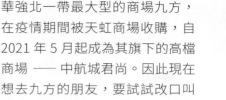

華強北一帶最大型的商場九方，在疫情期間被天虹商場收購，自2021年5月起成為其旗下的高檔商場——中航城君尚。因此現在想去九方的朋友，要試試改口叫君尚啦（不過說實話，九方這個名字太深入民心，我和朋友還是習慣叫它九方）！

中航城
君尚購物中心

華強北最強美食商場

地　福田區中航路1號
交　地鐵1號綫華強路站B出口步行
　　400米

潮發潮汕牛肉店（連鎖店）

地　D區L335號舖

來自廣州的連鎖潮汕牛肉火鍋品牌「潮發」，2023年年底開始進軍深圳，在君尚也開了新分店。最大特色是聲稱提供的牛肉都是3小時內由屠房送到門店，在店面門口還設置了醒目的時間表，顯示牛肉的到店時間。

我點了兩輪雪花牛肉，第一輪的雪花紋很靚。不過第二輪的較遜色，牛味相對較淡，但仍有很濃油脂香味。以連鎖潮汕牛肉餐廳來說我覺得質量挺好的，甚至有點趕上小店出品。

這裏的吊龍肥肉比例較少，口感比較實在。另外這裏肉切得很大塊，如果你喜歡啖啖肉，應該很能滿足你。

此外，建議可以先留意門外顯示的牛肉到店時間，如已超過兩小時，不太建議光顧。

55

茄子恰恰・新雲南小炒
（連鎖店）

地 D 區 B143 號舖

來自雲南的茄子恰恰，以雲南食材為基礎，主打創意滇菜，價格比較親民。

雲南脆皮烤鴨（¥79.9）
皮真的是非常脆，像是玻璃乳鴿的那種脆皮，脆得像薯片一樣。

烤鴨基本上沒甚麼調味，主要是吃鴨子本身的香味，覺得太單調的話可以蘸椒鹽粉和甜麵醬。

肉質軟嫩，肉汁豐富。不過整體偏油，吃多幾塊容易膩。雖然旁邊附有用作解膩的泡菜，但作用不大，建議多找幾個朋友一同分享。

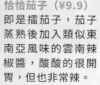

恰恰茄子（¥9.9）
即是擂茄子，茄子蒸熟後加入類似東南亞風味的雲南辣椒醬，酸酸的很開胃，但也非常辣。

最主打的雞煲雖然份量真的不多，但由於用上比春雞大一點的雞，肉質特別滑嫩，雞味也很重，的確不錯。

2023 年 9 月 OPEN

啫火啫啫煲（連鎖店）

地 A 區 L302 號舖

近年深圳也湧現了不少連鎖啫啫煲品牌，啫火雖然價格稍貴，但我覺得用料還算不錯。

2022年12月OPEN

湘辣辣現炒黃牛肉（連鎖店）

地 D 區 L435 號舖

現炒嫩肉（免辣酸菜炒）（¥69）
牛肉質量不差，有牛肉香味；如果吃不了辣的可選免辣酸菜來炒，不會太重口味又有鹹香。

湘辣辣借鑑了潮汕人吃牛肉的概念來做湘菜的小炒黃牛肉，牛肉有三個部位可供選擇：嫩肉、花龍及五花趾。

五常米飯（¥5/ 位，免費續）
嫩肉始終是用湘菜的概念來炒，整碟偏油一點，吃的時候最好用來送飯。米飯是用整個迷你電飯煲端上，內裏還有幾塊番薯，令已經很香的五常大米增添額外的香味。

57

武漢熱乾麵（¥13）
主打湖北小吃的「文叔」其實在深圳的分店不多，但我吃過幾次都覺得出品不錯，不會跟我在武漢吃過的相差太遠。

用最簡單的文字來形容熱乾麵，就是麻醬口味的辣撈麵，再加上大量的辣菜脯，鹹鹹香香，芝麻味香濃，加上麵條彈牙，雖然食材很簡單，但真的很好吃！

洪湖蓮藕湯（¥16）
湖北的蓮藕是粉粉的，煮成蓮藕排骨湯，湯水的口感會變得很濃厚，蓮藕的香氣也更能釋放到湯裏，有種很滋潤的感覺。

2023 年 8 月 OPEN

和府撈麵

地 B 區 B101-1 號舖

我覺得和府撈麵真的不便宜，而且它的麵條質地顆粒感較重，不是我喜愛的口感。不過它的湯底真的很香濃，我甚至有多次只因想喝它的湯底而來光顧它。

草本骨湯梅肉麵（¥24）
最招牌的草本骨湯據說是由 18 種草本熬製，口感濃郁，大骨鮮味及當歸味很重，更帶有一股甘甜味道，讓人想一喝再喝。而且重點是湯底不會太鹹，即使整碗喝光也不會口渴！

番茄香草湯豬軟骨麵（¥39）
我之所以說它貴，是因為它每款麵的肉量真的很少，以致性價比偏低。例如豬軟骨就只有三塊，完全不夠我「攝牙罅」……

如果有用過內地網購平台，應該也有聽過京東。京東最特別的地方是除了平台上有各品牌的門店外，亦設有京東的「自營店」。自營店的概念就是一站式電器店（如豐澤、百老匯一樣），售賣的貨品均由京東採購、配送及提供售後服務。由於京東的物流及售後服務質素往往會比品牌方提供的好（一般深圳地區晚上 11 點前下單，翌日早上即可送達），所以我都很喜歡在京東自營店選購內地品牌的電子產品。

由於有些人在購買電器之前還是想先看到實物，所以京東早前就在有「中國電子第一街」之稱的華強北，開設了京東電器城市旗艦店。

2024 年 3 月
OPEN

京東電器
城市旗艦店

京東線下體驗門店

地　福田區紅荔路 2015 號
交　地鐵 3 號線華新站 B 出口步行 170 米

本書截稿時京東仍有提供有條件的香港包郵服務，所以你可以在這裏試用產品，決定要購買的話，除了可現場下單，亦可以用京東 app 掃瞄價錢牌上的二維碼，打開網上下單頁面，選擇由京東直接將貨品送到你家。不過請注意，並非所有電器都可以送港，而且亦要留意內地電器插頭與香港不同的問題。

附近景點及美食

華強北博物館

華強北是世界上最大的電子產品交易市場，想了解華強北的前世今生，可以來到華強北博物館。

地 華強北路 1058 號廣博現代之
　窗大廈 5 層
交 地鐵 7 號線華強北站 E2 出口
時 週二至日 10:00~18:00

雖然展館不大及資料比較凌亂，但展覽最後部分有一個 Cyberpunk 風格的動畫描繪華強北未來發展，很高質素，而且令人熱血沸騰，千萬不要錯過！

鳳凰樓

地 紅荔路 2012 號
時 週一至五 8:30~21:30，週六日 8:00~21:30

其實在深圳飲茶價格通常都不會比香港便宜，但質素往往會較香港優勝一些。例如在京東城市旗艦店對面的深圳老牌茶樓鳳凰樓，人均消費通常也要 ¥100 多，不過點心的質素我卻覺得比得上香港人均要港幣二百、三百多元的茶樓，所以性價比是高一點。

但鳳凰樓跟其他傳統茶樓一樣，都是主力做熟客生意，大時大節非熟客的話根本等不到位，建議大家可避開那些時間光顧。

水晶露筍蒸蝦餃（¥26/ 兩隻）
蝦餃外皮比較薄，內裏包裹着大大隻蝦仁，加上瘦肉、竹筍，味道鮮甜。

金枕飄香榴槤酥（¥26/ 兩個）
榴槤酥很不錯，皮酥餡多；滿滿的榴槤餡非常香口！

61

以往深業上城交通不方便，商場的客流量一直都比較差。不過自從 2023 年 5 月開通了連接冬瓜嶺站的地下通道後，商場客流量就大幅上升。現時地下通道左右兩旁均開滿小吃及快餐店，是福田中心區一個「掃街」的好去處。

深業上城

連接深圳市中心兩大公園的商場

地 福田區皇崗樓 5001 號
交 地鐵 10 號線冬瓜嶺站 E 出口隧道前往

2023 年 5 月 OPEN

英皇電影城
（深業上城 CINITY 店）

地 B1

2023 年新開幕的英皇電影城，設有現在香港仍未有的 CINITY 廳，對觀影效果有較高要求的人士絕對要過來試試啊！

深业上城 UpperHills

CINITY 是內地研發的影院系統，據說融合 4K、3D、高亮度、高幀率、高動態範圍、廣色域、沈浸式聲音等電影放映技術，而且銀幕非常巨大，跟 IMAX 差不多，所以可以說是 IMAX 的超級升級版本！

千芋本舖

地 2 層 D01 號舖

一家主打芋頭甜品及飲品的糖水舖，雖然大部分分店的座位偏少，而且也坐得不算舒服，不過出品不錯，瑕不掩瑜。

鮮榨芒果芋圓燒（¥23）
上菜時分為三小碗，分別是芒果汁、芒果肉和芋圓地瓜圓等，再讓大家 DIY。選用的芒果品種很好，很香甜；芋圓地瓜圓也很 Q 彈，水準很高！

包子隊長・手工肉包・麻辣米線

地 B2 層

你還能透過櫥窗看到師傅在現場包餡料，證明不是工廠貨。

一家風格很可愛、主打各式湯包肉包的快餐店。

牛肉灌湯包（¥28/5 個）
皮夠薄，湯汁非常澎湃，吃的時候緊記要小心！牛肉味雖然稍淡，但由於湯包是現場包的，已經值回票價。

超厚老椰芋泥（¥21）
幾乎一半都是芋泥，性價比十分高！芋泥口感香滑，用上高質的荔浦芋頭，芋香味濃。椰汁也沒有偷工減料，不過由於芋泥比例較多，整杯的解渴能力就相對較弱了。

小炒黃牛肉包（¥9/ 個）
包子鬆軟，內餡多，也不會太辣。選用的牛肉比灌湯包的肉餡牛肉味更重，很好吃。

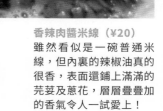

香辣肉醬米線（¥20）
雖然看似是一碗普通米線，但內裏的辣椒油真的很香，表面還鋪上滿滿的芫荽及蔥花，層層疊疊加的香氣令人一試愛上！

65

印力中心

最近關口的山姆

地 福田區農林路 69 號
交 地鐵 2 號線僑香站 A 出
口步行 720 米

雖然印力中心對港人來說交通不算方便，而且商場內門店數目不多，但仍然能吸引不少港人特意前來。因為這裏有深圳首家山姆會員商戶，是距離香港最近的一家門店。

拾味館海南菜

地 B1 層 18-2

於海南起家的拾味館，是我很喜歡的其中一家火鍋店。疫情前它在深圳有不少分店，不過現時就只剩下一家分店。

拾味骨湯（¥78/ 迷你）

招牌骨湯，呈奶白色的大骨湯底，鮮味很濃郁；而且十分真材實料，除了有幾塊豬手外，還有一根大骨！

骨上的肉已經煮得很爛，可以輕易撕下來。吃完肉之後，還可以拿根吸管，把骨髓吸出來吃。

拌粉君 · 鍋氣炒粉
（連鎖店）

地 B1 層

絕殺江西炒粉 （¥23）

雖然店名為「拌粉君」，但我覺得這裏拌粉比較一般，反而炒粉更加好吃。現炒的米粉不但配料有誠意，加了不少豬肉片，而且非常有鑊氣！味道鹹香，選微辣不會很辣，不太能吃辣的讀者也可以一試。

STORE BY .JPG
（東海繽紛天地店）

地 福田區深南大道 7888 號東海繽紛天地 1 樓 100 號

交 地鐵 1/11 號線車公廟站 B 出口步行 560 米

store by .jpg 原本是一家主力做外賣生意的深圳咖啡店品牌，門店大多面積不大。不過 2023 年新開的東海繽紛天地店，是目前唯一一家有出售輕食餐點的門店，並且提供大量座位。

茉莉冷萃（¥25）

出餐時咖啡師在杯蓋上面噴上可食用的茉莉香水，令到你的嗅覺和味覺都能感受到濃濃的花香，猶如置身花海般。茉莉花味也很好地掩蓋了咖啡本身的苦澀。

檸香蟹籽牛肉漢堡（¥43）

麵包有先烘過，外面超酥脆，裏面極鬆軟，加上牛油味香濃，第一口咬下去覺得非常好吃；怎知第二口咬到牛肉餡後發現，牛肉較乾，並且沒有甚麼牛肉香味，未如想像般好吃。

門店以火車站為主題，外圍以弧形落地玻璃窗環繞，紅磚牆面有種復古的溫暖氛圍。

67

❶ 深圳灣萬象城 ❷ 海岸城購物中心 ❸ 萬象天地 ❹ 南頭古城 ❺ 山姆會員商店（前海店）
❻ 萬象前海 ❼ 前海壹方匯 ❽ SWCAC 海上世界文化藝術中心 ❾ E COOL 南海意庫
❿ 深圳來福士廣場 ⓫ 長安亭院火鍋 ⓬ 益田假日廣場 ⓭ 寶能環球匯（西麗店）⓮ 歡樂海岸

現時 GDP 已是深圳十區之首的南山區，未來仍有不少發展潛力，兩大區域前海及深圳灣超級總部基地正在如火如荼發展中。前海由於位處整個大灣區的核心位置，已有不少金融服務業企業進駐，將會發展成區域金融中心；而超總基地則會成為不少企業的總部聚集地，並將建設媲美紐約中央公園的大型城市公園。另外以往交通不算方便的深圳灣口岸，在深方口岸對出亦正興建地鐵站，年初有消息指預計於 2024 年內開通，到時港人前往南山區遊玩將會更加便捷。

交通

從香港出發		
元朗站公共運輸交匯處	B2 巴士	深圳灣口岸
屯門市中心	B3X 巴士	
屯門站	B3M	
天水圍（天恩邨）	618 小巴	

* 部分地區亦有跨境直通巴士可直達深圳灣口岸，詳情可向跨境巴士公司查詢。

不少人說深圳灣萬象城是最多美女出沒的地方之一，原因有三個：一，商場有一個開放式街區，亦是深圳少有雲集眾多奢侈品品牌的商場，這些品牌商戶均於面向街區的外牆立面上掛有巨型品牌商標，吸引喜愛這些品牌的人過來拍照。二，商場經常製作一些與奢侈品品牌及著名藝術家聯名的裝置藝術品。三，在開放式街區旁邊，深圳灣地標「春筍」對出的空地上，現時長期設有歐洲風情花園市集。

深圳灣萬象城

深圳最多美女出沒的地方

地　科苑南路 2888 號
交　地鐵 11 號線後海站 G 出口步行 500 米

5 月到訪時開放式街區的地面上貼滿靈感來自安迪·華荷作品的藍色花朵。

所以在這裏經常會看到穿得花枝招展的女士來打卡，也吸引一眾龍友拍攝。

市集的主題及色調每隔幾個月會輪換，吸引人們過來打卡。

Caalii 茶力

地 B140B 號
時 10:00~22:00

茶力的小怪獸在上梅林起家，是我很喜歡的茶飲店。由 2023 年開始，它以「茶力 Caalii」這個名字在商場內開設分店，首家門店選址在深圳灣萬象城。

卡士豆花珍珠奶茶（¥29）

茶力最招牌的其實是這杯卡士豆花珍珠奶茶。用上內地超市常見的酸奶品牌卡士來製作，奶香味濃，豆花香滑，珍珠 Q 彈，茶味不淡，味道出眾。

梅精山泉油柑（¥25）・日本柚子油柑（¥39）

根據茶力介紹，現時內地不少茶飲店均有售賣的油柑汁是由它所首創。雖然我未能證實是否屬實，但茶力的油柑汁的確比坊間的好喝，油柑的果香味更香濃，入口更順滑。除了最普通的純油柑汁，「茶力 Caalii」亦推出多款混合了其他水果的油柑汁，較為適合不太喜歡純油柑汁味道的人。要注意油柑汁有較強的通便功能，腸胃不好的人要適可而止。

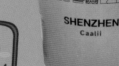

徐聞菠蘿酥（¥16）

類近台式鳳梨酥，但用上內地產的菠蘿來製作。雖然 ¥16 一個以內地物價來說有點貴，但酥皮很酥脆，菠蘿餡酸甜度適中，更有濃烈的菠蘿香氣。這款菠蘿酥還有黃皮口味，不過我覺得菠蘿味較合我口味。

如果買盒裝，還會送這個「顯眼包」XD。（「顯眼包」在內地解作愛出風頭）

地鐵後海站 D 出口可連通到一個高架平台，平台也連通到附近多座商場及寫字樓。這個區域俗稱「海岸城」，是因為這裏有一座南山區比較重點的大型室內商場—— 海岸城。

疫情期間海岸城曾進行大型翻新工程，令外牆及室內裝修變得光鮮亮麗，沒有以前那種屋邨商場的感覺，也引入不少新商戶。

海岸城購物中心

後海一帶最旺商場

地 文心五路 33 號
交 地鐵 2 號線後海站 D 出口

2023 年 8 月 OPEN

觀蠔海鮮

地 五樓 515 號舖
時 週一至五 11:00~14:00、17:00~21:00，週六日 11:00~15:00、17:00~21:30

觀蠔和我曾介紹的 79 號漁船一樣，主打平價即撈即煮海鮮，而且全部明碼實價。雖然海鮮種類沒有 79 號漁船多，但環境比較高檔，坐得更舒服，兩者價錢卻相差無幾。

魚缸設在餐廳大門旁,你可以在餐廳範圍外先看看今天海鮮的質素及價格,再決定是否光顧。

既然餐廳名有個「蠔」字,最招牌菜式當然是蠔。這裏有兩種尺寸及多種做法的蠔,任君選擇。

蒜至蠔大啖 (¥48/ 半斤)

用壓力煲快速煮熟的大連直送生蠔,雖然叫大蠔,但體積沒想像中大。上菜後會有店員過來幫忙開蠔,吃之前可以蘸一下芥末豉油或者秘製醬汁。味道鮮甜,口感爽脆,甚至有點爆汁效果。

蒜蓉蒸蠔王 (¥12/ 隻)

較大的一種叫蠔王,共有 9 種煮法可以選擇。叫做「蠔王」,真的挺大隻,差不多有一隻手指長,而且肉質更豐腴,更肥美,口感相對沒有那麼爽脆,但較為綿滑,有點像牛奶滑溜的口感。

百香果焗蠔王
(¥12/ 隻)

羅氏蝦 (¥69/ 半斤)

赤貝 (¥22/ 隻)

這裏當然也有其他種類海鮮,好不好吃就視乎當天來貨質素如何了。

小吊梨湯

地 B1 層
時 11:00~16:00、17:00~21:30

小吊梨湯是來自北京的品牌,我以前在北京也吃過,出品都算不錯。雖然提起北京菜,不少人第一時間會想起北京烤鴨,不過小吊梨湯位於海岸城的深圳第一家門店卻沒有售賣烤鴨,而是其他北京菜式。

傳統梨湯(¥26/ 吊)

「小吊梨湯」是北京一道地道飲品,以梨、銀耳、冰糖、枸杞和蜂蜜熬成,並用銅製提吊盛載,因而得名。口感十分濃稠,有種黏口感,特別在乾燥的日子,喝這個梨湯很舒服,很滋潤。注意人數少的話,下單時記得選一吊,因為如果沒說明,這裏是一壺上的,不但喝不完,也不能看到這個有特色的提吊。

牛肉燴飯（¥58）

以大量牛腩、牛蹄筋熬成，湯汁很重牛味，用來拌飯非常棒。吃完一口，過了一分鐘，牛肉香味依然在舌尖上飄盪着，十分幸福。

梨球果仁蝦（¥58）

雖然北京並非靠海的城市，但有不少北京菜餐廳都喜歡用大蝦作招牌菜。例如小吊梨湯的梨球果仁蝦，將大蝦油炸後淋上甜甜的醬汁，蝦殼炸得很酥脆，甚至可以吞下。雖然不是用鮮活大蝦入饌，但仍然有不淡的鮮味，肉質算結實。

乾隆白菜（¥32）

傳說乾隆有次微服私訪回京，路過前門大街上著名飯館「都一處」，吃過一道涼拌白菜，大呼好吃，於是這道菜就命名為「乾隆白菜」。其實是以芝麻醬、蜂蜜、醋、醬油等調味料，與白菜葉片拌勻而成，口感爽脆，酸酸甜甜，麻醬味濃，十分開胃。

我更加喜歡那個炸梨球，外面很酥脆，中間很軟糯，最裏面還有一粒爽脆的梨肉，清清甜甜的，很好吃。

京味兒兔爺冰淇淋（¥29.9）

內地近年很流行「文創冰淇淋」，即是以當地地標或特色作造型的雪條。兔兒爺是老北京的民間傳統玩具，曾有一段時間幾近失傳，不過造型可愛，所以近年經常被人二次創作，製成具北京特色的文創手信。

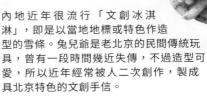

奈雪生活

地 海岸城廣場 201 舖
時 08:00~23:00

奈雪生活可說是奈雪的茶之旗艦店,而從名字也可以猜到,這是
一家類近誠品生活的門店。

這裏不但面積特別大,還有其他餐飲店寄生在裏面,
例如主打飛碟三文治的小吃店「不合理三明治」。

奈雪的果茶類產品不但可以選擇去茶
底,對我這些不想晚上喝茶的人較友
好之外,更可以換成天然代糖羅漢
果糖,感覺更健康。

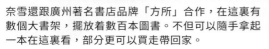

奈雪還跟廣州著名書店品牌「方所」合作,在這裏有
數個大書架,擺放着數百本圖書。不但可以隨手拿起
一本在這裏看,部分更可以買走帶回家。

當然這裏跟普通的奈雪分店一樣,有售各種水果茶及
軟歐包。

葉外 · Urban 茶室（連鎖店）

地 海岸城廣場 261-2
時 週日至四 09:30~22:00、週五六 09:30~22:30

近年內地很流行新中式茶館，即是裝修走簡約中國風，賣的是老派傳統中式純茶，但重新包裝為年輕人追捧的「國潮」茶室。譬如以前跟大家介紹過的 tea'stone，以及在電視新聞節目上提及過的葉外。

楊桃玉蘭花綠茶（¥39）

葉外也有賣一些用茶來製作的 Mocktail，稱之為「茶特調」。由於大部分皆是用應節水果來製作的期間限定款式，這裏就不作詳細介紹了。

冰萃椰子烏龍（¥39/壺）

這裏的純茶大多是冰萃的，符合年青人喜愛喝冷飲的偏好，但依然能保持濃香的茶味。茶都是用大玻璃瓶盛載著，再配一個高腳酒杯，讓客人自己倒出來喝。

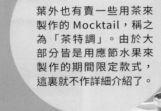

開心果白桃慕斯（¥39）

這裏的蛋糕不但造型漂亮，而且大多真材實料。例如這個白桃慕斯，裏面真的有一整塊桃肉。另外海岸城店還有供應正餐類的輕食餐點。

葉外通常開到晚上 10 點過後，這些貌似酒的茶飲，讓就算不懂喝酒的人，都可以以茶代酒來 Chill — Chill。

葉外的價格並不便宜，但也有好處，客人不會太過多。加上環境清雅寫意，所以有時候我想找個地方安靜地寫寫稿子，或者單純想放空一下的話，也會選擇葉外這些新中式茶館。

如果你問我深圳最受年輕人歡迎的商場是哪一個，萬象天地一定榜上有名！這是深圳營運商場最具實力的華潤集團旗下首個「輕奢」商場，經過多年發展，現已雲集眾多受年青人追捧的品牌，當中有不少更是旗艦門店。

萬象天地亦有較大的開放式街區，剛開幕時已被港人認為設計甚為國際化。早年街區其中一條「街道」已升級成 bistro 風情街「里巷」，現時約有 20 多間中高端餐飲，涵蓋世界各地的美酒佳餚。

萬象天地

深圳最受年輕人歡迎的商場

地 科發路 19 號
交 地鐵 1 號綫高新園站 A 出口步行 260 米

里巷

地 L1 層

2023 年 4 月 OPEN
慶春樸門
地 里巷 3 樓
時 10:30~21:00

深圳分店沿用杭州分店的日式裝修風格，門外設有日式小庭園。

慶春樸門是杭州千年古剎靈隱寺附近一間名氣頗大的齋菜餐廳，特色是環境及擺盤十分精緻，但價格十分相宜。

黑松露炒飯（¥56）

黑松露味超級濃烈，甚至可以找到一些黑松露片，感覺真材實料。缺點是油比較多，口感未夠乾爽，未必完全符合港人口味。

室內設有不少私隱度高的卡座。

藜麥麻婆豆腐（¥24）

由藜麥代替麻婆豆腐肉碎，由於缺少了肉香，反而令辣油的香料味更突出，花椒油的比例也比較高，吃完舌頭短時間內會有很麻痹的感覺。

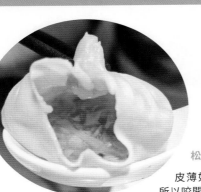

松茸湯包（¥48/5隻）

皮薄如紙，餡料只有松茸湯，所以咬開的時候要小心，不要被燙傷！松茸香氣濃烈，有種在喝清水版奶油蘑菇湯的感覺，很滿足。

桂花荔浦芋頭（¥6）

桂花與芋頭香氣很合襯，芋頭很粉，也煮得夠軟身，輕咬幾下就完全化開。

KYTA by kytaly

地 里巷 1 樓
時 週日至四 11:00~00:00、週五六 11:00~01:00

瑞士日內瓦人氣 Pizza 店，據說開業後連續五年均獲歐洲 Top 50 Pizza 殊榮。雖然香港分店早已結業，不過其在萬象天地以副品牌 KYTA 開設的餐廳則仍在營業。有朋友亦跟我說覺得深圳與香港分店的出品分別不大，如是該品牌的支持者可以過來一試。

Pizza 出爐後，廚師會用鉸剪將燒焦的部位剪走，再將 Pizza 切塊，確保外觀不會「走樣」。

KYTA 以意大利進口特製火山石窯爐烤製 Pizza，據說可令麵糰仍富含 70% 水分。

Parma Ham Around（¥198）

餅底口感的確比坊間的鬆軟和煙靭，不會那麼「乾爭爭」，小麥香氣也十分濃郁。Pizza 上的 Parma Ham、Mozzarella，甚至是番茄膏皆由意大利進口，所以 Pizza 價格比較貴，但風味有一定保證。

2023 年 3 月 OPEN

LUNEURS 月樂詩

地 里巷 1 樓
時 10:00~00:00

來自上海的 LUNEURS 是家法式雪糕專門店，更被網上不少人稱為內地雪糕「天花板」（意即排名第一）。萬象天地店是深圳唯一一間有兼售正餐的分店，不過由於最多人推薦的還是雪糕，所以我就只介紹它的雪糕產品。

一球 ¥35、雙球 ¥50（甜筒或紙杯裝同價）

這裏的雪糕據說是以法式硬冰的方法製成，比一般意式 Gelato 紮實，奶香更濃，質地也更綿密。雖然一球要 ¥35，價錢及得上外國品牌，但大小比外國品牌的大一點。

（上）冰藍海鹽及焦糖餅乾、
（下）紫蘇巧克力碎

共有 9 種口味，最招牌是焦糖海鹽及焦糖餅乾。店員在挖雪糕的時候會加入大量焦糖，讓焦糖香味更濃郁，不過我覺得太甜了。反而紫蘇巧克力碎很有驚喜，清香的紫蘇味能化解雪糕的肥膩感覺。我朋友也說冰藍海鹽牛乳奶香味很濃，甚至比外國品牌好吃呢！

冰藍海鹽牛乳

由於雪糕球太大，雙球用甜筒裝的話很容易會失平衡掉下來！幸好在掉下來之前，店員已迅速遞了紙杯給我，才避免悲劇發生 XD。

南頭古城

文青必到步行街區

地 深南大道天橋北 8 米
交 地鐵 12 號線中山公園站 D 出口步行
480 米
遊 建議遊覽時間：1~2 日

南頭古城的歷史最早可以追溯到三國時期，東吳在此築城並派鹽官駐守。明清時期深圳屬寶安縣的管轄範圍，而當時的縣政府就設在南頭古城，所以古城可以說是深圳的起源。

到近代，由於政府遷往其他區域，古城才開始沒落，疫情前已變成現代化的城中村。萬科集團在疫情期間把這裏兩條十字型的主要街道活化，讓南頭古城搖身一變，成為中高檔步行街區。留意這裏的餐廳出品較為參差，價格也偏高。

最具代表性的古跡是始建於明朝的南門。據考證，古時南門包含甕城部分，雖早已消失，南門對出至今仍保有甕城遺址及附近民居的地基。

古城也吸引不少文創商店進駐，各具特色，如果要將全部介紹，可以獨立成書 XD，唯有挑幾家我比較喜歡的介紹。

走在南頭古城的街道上，你很難感受到它的「古」韻，因為絕大部分建築都是近年新建的。不過古城裏依然散落不少古跡，例如新安縣衙、東莞會館、信國公文氏祠等，除了設有與古城歷史有關的展覽，亦可欣賞建築物上的浮雕裝飾。

南山

TIAS MARKET 特社

地 中山南街 66-1 號
時 10:00~22:00

TIAS MARKET 本是售賣「辣妹」衣着的服裝店，不過 2023 年年底改變經營路線，現在成為主力售賣具深圳本地特色文創精品的店舖。

基本上可以作為手信的東西，這裏均有出售，包括深圳明信片、磁石貼、環保袋……

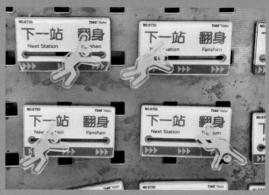

磁石貼之中，以「翻身」系列最受歡迎。「翻身」是深圳其中一個地鐵站站名，這個可轉動小人的「下一站翻身」，多轉動幾次，不知會否更易轉運 XD？

明信片之中，我最愛是這個以深圳多個地標組成「深圳」字樣的設計。

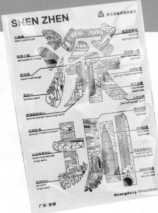

到訪當天還在做推廣活動，買滿一定金額即送一個「深圳」環保袋。

幻樂園

地 中山南街 69 號 101
時 10：00~21:30

樓高三層的精品店，現時只開放了首兩層。

一樓主要售賣潮流玩物。

這裏設有咖啡店部分，招牌產品是這個梳乎厘蛋糕。老實說口感一點也不像梳乎厘，不過造型真的超級可愛！

也有很實用的創意用品，例如這個兩用貓窩，可以用作攜帶寵物的外出袋。

二樓其中一個房間有售賣懷舊黑膠唱片及CD，部分更已絕版。

其餘部分是家具店，擺放一些很舒服的梳化，不過價格有點兒驚人……

收藏夾 x ALILI ART

地 中山南街 71 號

它既文創精品店，亦是飲品店，更是小型展覽館。

不要小看這個展覽館，地方雖小，卻經常舉辦很有影響力的設計師期間限定展覽，例如和田誠、新村則人、近藤達弥等作品展。喜愛平面設計或插畫的話，來到南頭古城不要錯過這個展覽館，或許正在舉辦你喜歡的展覽呢！

叻冰

地 中山東街 216 號
時 週一至五 10:30~22:00、週六日 10:30~22:30

雪葩專門店，共有 8 款口味，聲稱是無添加純手工製作。老闆很熱情，不斷拿各種味道給我試吃。雖然口感未至於是最幼滑的那一種，但碎冰感不明顯，加上大部分口味價格不貴，CP 值很高。

最招牌口味是潮汕老香王（即醃製過的佛手柑），味道未必每個人都能接受，有點像陳皮，但多了一股果香及甘草味道，我就覺得有消食開胃的感覺。

最受歡迎的椰皇口味很真材實料，可以吃到椰肉粒。

十日談

地 中山東街 36 號
時 08:30~21:30

十日談是深圳連鎖精品咖啡品牌，現時有 8 間分店。根據店員介紹，他們會自行在外國採購優質咖啡豆，再自行進行烘焙工序。眾多分店中，最特別的是開設在瓦頂古建築內的南頭古城店。

冰滴・詠春 （¥68）

咖啡產品之中，最招牌的是冰滴・詠春。咖啡是用類似酒瓶的玻璃瓶盛載，並配上裝着冰球的玻璃杯，讓你以喝酒的方法品嘗冰滴咖啡。這款咖啡帶有花香味，比較容易入口。

分店有 3 層高，其中 2 樓中央有個天窗，天窗下栽種了一棵綠色植物；加上後方的木雕裝飾，整個畫面很有意境，也是店內最受歡迎的打卡位。

海鹽奧利奧蛋糕 （¥35）

話說當天經過南頭古城店時，門外的店員強烈向我推薦他們的蛋糕，不過試過之後未有喜出望外之感……

天窗範圍是後期加建的，可以經旁邊的樓梯來到 3 樓天台，這裏有個秘密小花園。除了可以靜心喝咖啡，也可以俯瞰旁邊的古建築。

室內部分是以稍為帶點西式元素的簡約中國風設計，可以很舒服地在這裏待一個下午。

2023 年 12 月 OPEN

ZPilot 黑科技超級旗艦店

地 南頭古城東門
時 10:00~22:00

從細舖搬到東門外大舖的 ZPilot，是專門售賣新奇有趣的國產科技產品商店，種類包羅萬有，例如附帶熒幕的背囊、外形像舊時播映機的迷你投映機、用廢棄單車車胎做的袋子……

電動行李箱
（原價 ¥3299、
活動價 ¥2699）

ZPilot 這個之前在網絡上經常被人討論的電動行李箱，即是結合了電動車功能，可以用作代步的行李箱 XD。由於店舖面積變大了很多，你甚至可以試試在店內駕駛呢！

假如你很喜歡這些古靈精怪的高科技產品，對每樣東西都仔細研究一番的話，絕對可以在這裏逛很久。當然這裏也適合想送禮的人士，任何一件商品都肯定能給對方大大的驚喜。

87

近期頻頻上報的山姆會員商店，現時在深圳共有 4 家門店，其中位於前海的門店是深圳首家旗艦店。

與深圳其他門店不同，前海店並非開在商場裏，而是一整棟獨棟建築物，一共 4 層高，據說是福田山姆的 3 倍大。不過真正的超市範圍只佔其中一層，其餘主要是停車場。

山姆 會員商店（前海店）

2023 年 6 月
OPEN

會員制超級市場旗艦店

地　桂灣三路 1 號
時　09:00~22:00
交　地鐵 1 號線鯉魚門站 A 出口步行 720 米

山姆之所以廣受香港人歡迎，是因為早在上世紀 90 年代其母公司沃爾瑪已進軍內地，多年深耕令集團擁有非常強勁的物流供應鏈，因此內地的山姆亦可以用相對比較低的價錢採購到比較優質的產品。加上內地山姆比較本土化，它的自家品牌 Member's Mark 大部分都是內地製造的產品，所以性價比較高，個人認為比 Costco 更適合香港人。

作為會員制超級市場，需繳基礎會費 ¥260 才可以入場購物。而山姆售賣的產品都是大分量，所以小家庭就未必合適啦！

自家品牌 Member's Mark。

由於山姆旗艦店並不靠近商場，為方便來這裏的顧客，山姆裏面有很多不同類型商戶，大約有差不多十間飲品店以及快餐店。

這裏的餐吧設有站立用餐區，亦是我見過眾多山姆店中唯一是這個設計的。

小知識

2023 年 5 月 OPEN

無人駕駛網約車

現時深圳共有兩間公司營運無人駕駛的士，分別是蘿蔔快跑和小馬智行。其中蘿蔔快跑要用內地身份證實名認證之後才能使用，而小馬智行則只需下載名為 Pony pilot+ 的軟件，並用香港電話接收驗證證碼來註冊帳戶即可使用。

現時的無人駕駛網約車仍未臻完善，主要是：一，營運範圍比較小，暫時只涵蓋南山後海、前海及寶安中心區一帶，而且只能在指定地點上車，靈活度較低。二，雖說是無人駕駛，但為安全起見，仍會有一位安全員長期坐在司機位上，感覺有點怪怪的 XD。三，無人駕駛仍在學習階段，駕駛態度仍然比較步步為營，像一個剛考車牌的司機，因此舒適度沒有真人的士那麼好。不過最大優點是在試營運期間費用全免！如果在上述營運範圍內遊玩，可以花點時間體驗一下。

前海一直被視為深圳以至整個大灣區未來發展的核心區域，近年也有不少商場相繼落成，當中最著名的是華潤集團旗下的萬象前海。萬象前海自稱是生活美學綜合體，除了經常舉辦藝術展覽，商場的設計也很適合打卡。

萬象前海

深圳最有美感商場

地 桂灣四路 169 號
交 地鐵 5 號線桂灣站 A 出口直達 B2 層

室外有一個長條型的下沉式廣場，在最底層行走感覺像在峽谷穿梭，加上有對流作用，經常有陣陣涼風吹過，所以也叫做「微風峽谷」。峽谷正中央有個劇場位置，到週末或假日晚上會有音樂表演。劇場上方有個巨型半浮空天幕為大家遮風擋雨。「峽谷」兩旁主要是一些茶飲店、Café 和中高檔餐廳。坐在餐廳的戶外座位，被綠色植物包圍，吹着陣陣涼風，聽着悠揚的音樂，的確很 Chill！

室內部分由日本著名空間設計大師片山正通設計，各個空間獨特分明。另外所有扶手電梯均貼上幻彩顏色的貼紙，從不同角度看會呈現不同顏色。

一坐一望雲南菜

地 B174 號
時 11:00~22:00

雖然前海一帶現時客流量不多，不過萬象前海仍有數家餐廳即使是平日也經常要等位。主打雲南菜的「一坐一望」是其中一家。

香辣牛肝菌（¥148）

雲南菜的一大特色是不少菜式都含有菇菌。我就很喜歡這裏的香辣牛肝菌，雖然叫香辣，其實是大部分人能接受的辣度，而簡單烹調的新鮮牛肝菌，菌香味很純粹，齒頰留香，想一吃再吃！

銅鍋牛肝菌燜飯（¥48）

當然如果覺得只吃牛肝菌太單調，也可以選擇這個牛肝菌燜飯。雖然菇菌香味沒有直接吃牛肝菌那麼濃烈，但價格親民很多。

鋪在上面的幾塊類似上海年糕的餌塊，要浸在湯汁內久一點才能入味。

銅鍋餌塊油燜雞（¥108）

其實一坐一忘最招牌的是這道油燜雞。我先後吃了三次，頭兩次我覺得很一般，雞味很淡。但為了寫這本書我再試吃第三次，這次雞味變重了！不過味道鹹鹹酸酸辣辣的，未必每人都吃得慣。

茶位費（¥8）

這裏提供的茶水是我在前文霸王茶姬都有介紹過的糯米香茶，更以手工陶壺盛載，很有特色，不過茶位費也較其他餐廳貴一點。

91

榕意 · 川味之美

地 B2 層 B207 舖
時 11:00~16:00、17:00~21:00

喜歡藤椒花椒那種會讓舌頭麻痺的感覺的話，就不要錯過這家新式川菜餐廳榕意！

榕意藤椒魚（¥99）

最招牌的藤椒魚有點像酸菜魚，卻又不盡相同。除了沒有酸菜，只有鹹香味道外，更加入大量藤椒製成，比川菜裏其他麻辣菜式更麻一點，卻也沒那麼辣。喜愛吃酸菜魚的話，不妨來試試。

魔鬼椒麻雞（¥49）

如果覺得藤椒魚還是不夠麻，可以試這個魔鬼椒麻雞。不但麻味更重，而且完全不辣，是怕辣人士的福音！

川味涼麵（¥8／位）

其實就是麻醬味撈麵，醬香味很重，而且榕意有提供按位上的分量，兩口就能吃完，讓胃口不是很大的人也能一嚐。

去茶山

地 1 樓戶外
時 週一至四 07:00~23:00、週五至日 07:00~23:30

去茶山是來自貴州、有 20 多年歷史的茶飲品牌，主打各種融入貴州特色的創意茶飲，萬象前海店是華南地區首家門店。

貴州刺梨普洱茶（￥21）

刺梨是貴州的水果，有種特殊味道，未必每個人都能接受，去茶山甚至指假如堂食喝不慣的話可以提出更換。我覺得味道有點像覆盆子，帶點酸，不難入口；而整杯飲料是先酸後澀再回甘，茶味不淡，滿口生津。

乾酪普洱鮮奶茶（￥22.9）

這杯很多人推介的乾酪普洱鮮奶茶，我覺得一般。濃烈的奶味完全把茶味遮蓋，加上普洱茶也太苦了。

小貼士

逛完萬象前海，可以順道過去旁邊的卓越・前海壹號，看看很奇特的 U 字型建築「前海之門」。由英國著名建築設計事務所 TFP Farrells 設計（香港著名地標如凌霄閣、ICC、M+ 博物館均由這家事務所設計），因此開幕之初吸引不少人過來打卡！

在萬象前海東北面的前海深港青年夢工場北區，就是經深中通道前往中山的巴士線「深中跨市公交專線」總站。可於深圳地鐵 1 號線鯉魚門站 B 出口，或在深圳灣口岸乘坐「深中跨市接駁 1 線」前往。

2024 年上半年較少商場開幕，當中最矚目的應是跟前海壹方城及壹方天地同一集團，位於前海核心區的壹方匯。

壹方匯有兩個我很喜歡的打卡位。第一個是在商場大門口上面和旁邊平台，有兩隻可愛兔仔造型的商場吉祥物「nice to」巨型雕塑。當中平台那一隻雖然小一點，但可以走過去跟它一齊打卡。

前海 壹方匯

2024 年 1 月
OPEN

2024 上半年最矚目新商場

地 聽海大道 5059 號
交 地鐵 5 號線桂灣站 A2 出口步行 280 米

第二個位於商場大門口中庭位置，有個 3 層樓高、由 4 個立體形狀 LED 熒幕組合而成的「禮物盒子 LED」，不斷播放着抽象花朵或樹木的生長動畫。建議可以入黑後來打卡，感覺更加夢幻。

UHOU 唦吼

地 L1-007
時 週日至四 10:00~22:00，週五六 10:00~22:30

唦吼是專賣一些解壓道具的文創商店。以往通常是以快閃店形式經營，而壹方匯店是第一家恒常門店。

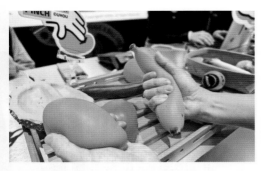

最具代表性的產品是這條可以任捏任拉的香蕉，讓你將平時的生活壓力盡情釋放在一條蕉上 XD。這裏還有其他水果造型，例如橙、芒果，甚至是大葱呢！

這裏還有些挺幽默的產品，譬如這個迷你痰罐，除了可以買回去種種花，更可以配搭「大小二便」玩具一起「玩」XD。

挪客 Naturehike

地 L1-049
時 10:00~22:00

喜歡行山或者露營的朋友，不要錯過這間一站式露營用品專門店 Naturehike。以露營專門店來說，面積挺大，大概有 800 款貨品，大部分皆是 Naturehike 的自家品牌。

這些產品小至露營餐具或行山杖……

特別是行山或者露營初哥，對裝備一竅不通的話，記得一定要來這裏，因為不但可以一次過買齊所有用品，如果有需要，還可以叫店員幫你搭配呢！

大至帳篷、睡袋，甚至是行山專用服飾，在這裏都可以找到，一應俱全。

C'est Leman 樂滿西班牙碳烤餐廳

地 L2-001
時 12:00~16:30、18:00~22:00

主打新式融合法國菜，最招牌菜式均是用上乾式熟成的食材來製作。

店內有數個乾式熟成櫃，擺放着不同食材。

碳烤乾式熟成鴨（¥268／半隻）

最招牌的是這道碳烤乾式熟成鴨。據店員介紹是先用香料醃製鴨子，然後放入熟成櫃裏數天，再拿出來煙燻數小時。待客人下單時，才放入碳火焗爐焗熟。

乾式熟成的鴨肉味道和口感有點像臘鴨，但肉質仍然很嫩滑，而且有肉汁。除了多了一股煙燻香味，也讓雞肉味道更突出，很好吃。由於工序繁多，所以價格不低，¥268只有 8 大塊加一隻下牌。

乾式熟成海魚撈起（¥128）

這裏還有其他西式菜式，以內地的西餐水準來說還算不錯。

地球森林 • 咖啡魔盒

地 L2-042
時 週日至四 10:00~22:00、週五六 10:00~22:30

表面上是咖啡店，實際是兼賣咖啡，主力售賣符合人體工學的辦公室家具的傢俬店。絕大部分傢俬不但很好玩，而且由於符合人體工學，也令這裏成為一家座位舒服度數一數二的咖啡店。

也有這種看似比較傳統，但可以幾乎完全躺平的辦公椅。

我最喜歡的是這套據說由挪威國寶級大師設計的地球樹系列。椅子後面有一顆可以轉動的球體，坐墊也是可以轉來轉去的，讓我可以一路轉，一路給後面的球體按摩背部。

這裏的出品味道有點一言難盡……不過打卡效果十分好 XD。

SWCAC
海上世界
文化藝術中心

面朝大海的藝術中心

地　南山區望海路 1187 號
交　地鐵 2 號線海上世界站 A 出口步行 800 米

如果你是很喜歡看藝術展覽的人，海上世界文化藝術中心是一個很不錯的地方。這裏經常舉辦期間限定的藝術展覽，而且有不少皆是在國際上知名度甚高的藝術家個人展。不過有別於後文介紹的深圳美術館新館所有展覽均是免費入場，這裏幾乎所有展覽都要另外收費，而且價格不算便宜，大部分也要超過 ¥50。

由於位處海傍，所以這裏也是深圳一個很受歡迎可以看海的地方，也可以眺望據說會在 2024 年年底開業的蛇口 K11 商場。

展覽面積不大，即使很仔細地看也只需一個小時就看完，不過當中不乏一些很有趣的展品。

《設計的價值在中國》展覽

費　門票 ¥68

話說深圳早在 2008 年就被聯合國教科文組織授予「設計之都」稱號，所以藝術中心與英國的 V&A 博物館合作，舉辦名為《設計的價值在中國》展覽，展期至 2025 年年底。

例如深圳是全國唯一一個所有學校統一校服的城市，也是深圳一大特色，所以這個展覽其中一件展品就是深圳校服 XD！

2023 年 6 月 OPEN

Floatie café 浮流咖啡

地 海上世界文化藝術中心一樓東門
時 週一至四 10:00~23:00、週五至日 10:00~01:00

藝術中心近年有不少很適合打卡的餐飲進駐，當中最受歡迎的是最靠近海邊的浮流咖啡。

它其實只是售賣咖啡的美食車，但商家很聰明地在旁邊設置了大量面向大海的露營椅子，加上旁邊就是遊艇碼頭，從某些角度拍照，你會覺得自己就是遊艇的主人 XD！

牛油果 Dirty（¥36）

這杯牛油果 Dirty，我完全不覺得有任何牛油果味……

2023 年 11 月 OPEN

Commune museum 幻師

地 海上世界文化藝術中心一樓東門
時 08:00~02:00

COMMUNE 是深圳著名的連鎖西餐廳，這裏是旗艦店，不但菜式與其他分店有很大分別，更重要的是這裏面朝大海，設有不少戶外座位，讓你可以很舒服地吹着海風吃飯。

幻師脆腍金沙翅（¥69）

如果你喜歡吃新加坡的鹹蛋黃魚皮，你應該會很喜歡這個雞翼，因為味道幾乎是一模一樣，甜甜鹹鹹的，充滿鹹蛋黃香氣，而且雞翼炸得外脆內嫩，很好吃。

牛腰肉意麵（¥108）、無酒言歡（無酒精 ¥58）、荔枝冰茶（¥38）

這裏的招牌意粉質素未如預期般高，價格也不算便宜。若只是淺嘗的話，建議點份雞翼，再加一杯特調，靜心欣賞海景就夠了。

99

Gaga ARTSPACE

地 海上世界文化藝術中心一樓 L1-104A
時 10:00~22:00

深圳知名連鎖西式輕食餐廳，其海上世界文化
藝術中心被命名為 GAGA ARTSPACE，顧名思
義這裏附設一個小型的藝術展覽廳。

GAGA 啾果茶 〔¥33〕

我有位香港朋友是 GAGA 水果茶的
忠實粉絲。GAGA 選用的水果大多
質素不錯，不但酸甜度適中，果香
味也很豐富且真實，不覺得有加入
任何香精。

其他輕食餐點我就覺得價格與
出品不成正比，若只是
停留一會，建議喝水
果茶即可。

如果喜歡店內的展品，你甚至可以
買走帶回家。

SAANCI 山池咖啡

地 海上世界文化藝術中心一樓 L1-103
時 09:00~22:00

在 2023 年版《深圳》一書介紹過的露營風咖啡品牌山池，這裏就不重複介紹，只介紹這家分店限定的雪糕。

海鹽水牛乳冰淇淋（¥25）

以水牛奶製成，奶味超重，口感順滑。不過缺點是太易溶化，原本打算走到海邊打卡，結果沒走幾步雪糕便溶化了⋯⋯

附近商場景點

海上世界

藝術中心對面就是鼎鼎大名的海上世界，最大特色是在噴水池裏停泊了一架退役郵輪明華號。另外這裏每晚也有噴泉表演，加上蛇口比較多外國人聚居，所以有較多西餐廳，而且據說味道不錯，是個令人有到了外國渡假感覺的地方。

匯港購物中心

再往地鐵站方向走，就可以來到與地鐵站無縫連接的商場匯港。其中二期天台是一個不錯的觀景台，可以看到明華輪及其對出的歐陸風情步行街，以及稍遠的大海。

南海意庫是蛇口一個大型的文創園區，園內綠化程度很高，不少建築外牆也有做垂直綠化。

甚至有一棟 6 層高建築，整道外牆鋪滿綠植，不但很養眼，也很適合打卡。

E COOL
南海意庫

綠化比例超高的文創園區

地　興華路 6 號
交　地鐵 2 號線水灣站 D 出口步行 400 米
遊　建議遊覽時間：1~2 小時

Green wood coffee 綠木咖啡

地　2 號樓一層 115 號
時　週一至六 08:00~19:00、週日 10:00~19:00

這裏進駐了不少十分網紅的咖啡店，當中名氣最大的是韓式咖啡店綠木咖啡。據說老闆娘是韓國人，如果你去店裏碰到一位綁着頭巾的女士，大概就是老闆本人了。

花生棉花糖曲奇（¥24）

這個招牌軟曲奇太甜了，本身已經很甜的曲奇，加上只有甜味的棉花糖，是我接受不了的甜度……

維也納拿鐵（¥34）

我覺得比前文介紹 A Park 的阿叮咖啡更好喝，忌廉比例更高，口感更香滑。網上有些評價說很接近在韓國喝到的。

咖啡店的裝修很有美式鄉村風情，加上店內有不少熊公仔，感覺很溫馨。

花生摩尚（¥34）

我更喜歡這款花生口味，表面還加了不少開心果碎，整體堅果香味濃郁，也和咖啡的焦香味很合襯，不過也很邪惡 XD。

海鹽奶油包（¥19）

烘得脆脆的鹹麵包，夾着超澎湃、口感輕盈的忌廉，有種在吃奶油脆豬的感覺，味道口感都不錯。

美食蛇口老街

地 灣廈路 42 號
時 17:00~02:30
交 地鐵 2 號線東角頭站 A 出口步行 140 米

胖子牛蹄雖然主打牛蹄，但我一直覺得它的燒烤都很不錯。不過要留意在同一條街上有兩家同名門店，兩者相隔約 8 個舖位。當中離地鐵站較遠的舊門店，衛生情況一般，新門店環境較好，不過廚房還是設在舊店門外，所以在新店用餐的話，那些燒烤就要先在街上遊走一段路才能送到客人面前。

生蠔（¥15/ 個）

¥15 一隻烤生蠔，以深圳物價來說不算便宜，但真的很巨型，也很肥美，絕對是物超所值！

牛蹄（小 ¥15/ 個）

這裏的牛蹄幾乎做到入口即溶，滿滿骨膠原的感覺。不過明明一塊小塊的牛蹄也很巨型，店員老是會叫你多點幾塊……

新店

百葉豆腐、金針菇（¥10/ 份）、牛舌（¥30/ 小份）

牛蹄可以加入其他配菜，盡情吸滿充滿牛骨鮮味的湯汁！

百草堂祖傳涼茶舖

地 蛇口新街 207 號
時 11:00~02:00

百草堂可說是深圳名氣最大的糖水小店,即
使是平日下午前來,也很大機會要等位。老
實說味道不算很出色,但勝在很足料。

楊枝甘露(¥18)

例如最招牌的楊枝甘露,
芒果及西柚多到幾乎滿
瀉,而且芒果汁十分濃
稠,性價比很高!

蛇口市場

蛇口市場是深圳最著名的海鮮市場,有數十
檔海鮮攤檔。你可以在這裏選購海鮮,然
後帶到附近餐廳,以比較便宜的加工費幫忙
加工。

為免商戶做生意不老實,
每個檔口上面均設有電子
屏,上面寫明檔主姓名、
今日菜價,甚至是被投訴的
記錄呢!

市場於 2021 年曾進行翻新工程,不但光鮮企理很
多,也增設冷氣設備,令買菜體驗更為舒適。

深圳來福士廣場是新加坡凱德集團在深圳的第一個商場，本來交通不是太方便，但自從深圳地鐵 9 號線二期及 12 號線通車後，這裏已成為南海地區重要的商場。

商場最特別的地方是圍繞公園而建，而這個公園內設有可供遊人免費使用的室外智能健身房，由熱身到肌肉訓練、心肺功能訓練到拉伸的器材器械一應俱全，很受本地居民歡迎。

深圳來福士廣場

圍繞公園而建的南山人氣商場

地 南海大道 2163 號
交 地鐵深鐵匯坊出口、地鐵 9 號線南油站 E 出口

2024 年 5 月

RUAFRIENDS

地 L2-19BC

喜愛英國 Jellycat 的話，不要錯過這家 RuaFriends。據說這是 Jellycat 官方授權的實體門店，應該是深圳目前最大的 Jellycat 專門店。面積大、種類多，甚至有不少我在香港未見過的款式，但部分熱門商品經常斷貨，可能比香港更難買得到。

這裏提供訂製刺繡服務，¥60-70 一次，聽朋友說比香港便宜不少，但我尚未求證，有需要的讀者可以對比下價錢再下手啦！

盛香亭轉轉熱滷

地　公園道大廈 B 棟 111+112
時　11:00~00:00

一家很有趣的一人迴轉火鍋餐廳，佈局跟迴轉壽司餐廳差不多。這裏的食材質素普遍不錯，加上價格相宜，是我很喜歡的火鍋餐廳。特別適合自己一個人，但又想吃火鍋時光顧，當然也很適合情侶來拍拖啦！

原切牛肉（¥12）、藤椒嫩牛舌（¥12）

並非所有配料都是放在輸送帶上的。牛肉和羊肉這些容易變壞的食材，就要靠掃碼來下單。

黃碟（¥3）、紅碟（¥5）、棕碟（¥7）

迴轉輸送帶上放的並不是壽司，而是未煮的火鍋配料，用不同顏色的碗盛載，代表不同價錢。這些食材通常吸味能力較高，或者是已經滷製過。

同樣需掃碼下單的還有鍋底。下單後過一會就會有架類似高速線的小車,把鍋底及牛羊肉送到客人面前。

招牌鹵香湯(¥40)

這裏最招牌的鍋底是滷水鍋底。由於盛香亭是一家湖南熱滷小吃店,所以能吃辣的話建議點辣味,不過我覺得不辣的也不錯。一開始湯底味道會稍淡,待香料的味道盡情釋放後,味道就會變得十分香濃。當中八角味特別濃郁,喜歡八角味的話應該會愛上這個鍋底!

由於湯底味道已經夠濃,這裏的醬料會比較簡單。

跟迴轉壽司一樣,吃飽之後,將小碗按顏色分別疊起,按下前面的鐘,店員就會過來點算數目。

東洞烤肉大排檔

地 L4-22 舖
時 11:30~22:00

一家很網紅的韓式烤肉店，主打乾式熟成豬肉。

乾式熟成豬肉拼盤（¥138）

以乾式熟成肉類來說，這裏的價格十分低廉，而且有一股類似臘肉的香氣。可惜的是選用了質素一般的豬肉來製作，豬肉味較淡。不過如果單純想試試乾式熟成肉類有何特別，這裏是很不錯的地方。

小貼士

商場東北面與深圳最長的環形天橋創業路天橋無縫連接。在天橋上還可以看到巨型海王雕塑穿建築而過，感覺很魔幻呢！

附近商場

2024 年 1 月 RENOVATE

招商花園城

地 南海大道 1090 號
交 地鐵 12 號線四海站 D 出口步行 170 米

已有 18 年歷史的南山區第一座商場——招商花園城，已於 2024 年年初完成翻新工程。雖然它只是普通的居民區商場，但據說是不少南山人充滿回憶的地方。

商場內不少經營多年的「老字號」，也隨着商場的翻新工程重新裝修，例如太二酸菜魚母公司的首個餐飲品牌九毛九、全深圳首家迪卡儂門店等。

說到過去一年深圳最網紅的餐廳，這家長安亭院火鍋一定榜上有名！甚至在它開業後半年內，幾乎每次打開大眾點評，都會看到它的廣告。

長安亭院火鍋

2023 年 8 月
OPEN

只能打卡的「唐代長安」餐廳

地 南新路 2081 號
時 週一至五 11:00~14:00、17:00~01:00，
週六日 11:00~01:00
交 地鐵 11 或 12 號線南山站 H 出口步行
570 米

由於火鍋店面積頗大，客人可以在店內隨處走動打卡。火鍋店甚至提供漢服租用、化妝及跟拍服務，不過價格比坊間的貴。

這間火鍋店是由兩個地舖、兩幢三層高建築物，以及它們之間的小巷及空地改建而成。商家應該花了不少資金在裝修上，整個範圍加建了不少仿古的中式亭台樓閣、小橋流水等，也有不少燈籠做裝飾，讓客人有種穿越到古代的感覺，餐廳則聲稱是仿大唐不夜城而建。

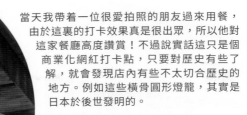

當天我帶着一位很愛拍照的朋友過來用餐，由於這裏的打卡效果真是很出眾，所以他對這家餐廳高度讚賞！不過說實話這只是個商業化網紅打卡點，只要對歷史有些了解，就會發現店內有些不太切合歷史的地方。例如這些橫骨圓形燈籠，其實是日本於後世發明的。

潮汕現切土雞（¥32）

這個潮汕現切土雞未有帶來驚喜，口感一般。

這裏的麻辣鍋底較淡，食材的新鮮度也稍遜。幸好不是招牌的番茄鍋底味道還算 OK。

因燈籠較多，所以晚上的打卡效果會比白天好，而且可以靠夜幕低垂遮蓋那些穿崩位，例如後面的高樓、冷氣機排氣口等。

在深圳最著名的主題樂園世界之窗正對面的益田假日廣場，是一個對香港人來說賣點不多，而且不是很大的商場。

不過這個看似平凡的商場，卻連續多年位居深圳商場營業額排行榜的頭 10 名內，因為這裏設有曾是深圳唯一的 Apple store。如果在深圳遊玩時突然要維修 iPhone，這裏是其中一個選擇。（另一間新開的 Apple Store 位於深圳萬象城）

益田假日廣場

位於世界之窗對面的商場

地　深南大道 9028 號益田假日廣場 B1 層
交　地鐵 1 或 2 號線世界之窗 A 出口

我覺得整個商場最吸引港人的，應該是地鐵出入口旁的小吃街。

2024 年 5 月 OPEN

野人先生現做冰淇淋（連鎖店）

地　B2-M39 舖
時　10:00~21:30

野人先生是一家 Gelato 雪糕店，聲稱雪糕是現做的。有時候太早過來，有些雪糕還沒「出爐」，要晚點才能買到。

最特別的味道是五常大米（圖右），雖然聽起來有點暗黑，但味道有點像在吃把椰子味換成煉奶味的椰漿飯，甜度適中。另外每啖也會吃到香軟的米粒，很真材實料。

雖然這裏的雪糕賣相不佳，但口感十分綿密順滑，奶味也很重，水準不錯！每間分店通常也提供試吃，所以可以先試一試，覺得味道不錯才購買。

更招牌的是開心果味。儘管也很真材實料，開心果味很香濃，不過我覺得太甜，還是五常大米味更符合我口味。

2024 年 4 月 OPEN

老碗會陝西手工麵（連鎖店）

地 B2-39 舖
時 10:00~21:30

主打陝西麵食的老碗會，可能是深圳分店數目最多的連鎖麵店，不但幾乎每個大型商場、地下街都找到它的分店，我更見過在同一條地下街內竟然有兩間分店呢！

Biang Biang 麵的配料比較簡單，喜歡吃肉的可能會不夠滿足，所以老碗會也有推出加入牛肉的版本。雖然肉量不算很多，但價格不貴，而且牛肉質素也很不錯，CP 值很高。

大片黃牛腱肉 Biang Biang 麵（¥36）

說到陝西最具特色的麵食就不得不提 Biang Biang 麵，其中 Biang 字更是書寫最為複雜、筆畫最多的漢字之一！麵條最特別之處是寬且厚，猶如褲帶，口感彈牙卻柔軟，不難咬開。

現烤肉夾饃（¥15）

另一款最具代表性的陝西小吃就是被稱為中式漢堡的肉夾饃。老碗會的並不是我吃過最好的肉夾饃，餡料並不飽滿，但將傳統比較乾身的白吉饃換成酥脆的饃，令整個肉夾饃有較多水分，容易入口，也算不錯。

混果汁（連鎖店）

地 B2-17 舖
時 10:00~22:00

由於我晚上不宜喝咖啡或茶飲，所以很喜歡這家主打新鮮即榨混合果汁的混果汁。全開放式的製作櫃枱讓你可以看清所用的水果是否新鮮，感覺較為安心。

輕體小綠瓶（¥26）

這些用玻璃瓶盛載的產品，雖然混果汁聲稱是環保包裝，但門店並不提供回收服務，反而變成不環保。

喜識冰糖葫蘆（連鎖店）

地 B2-66 舖
時 10:00~22:00

小時候看古裝劇，見到劇內的小朋友都很喜歡吃冰糖葫蘆，所以一直都很想試試冰糖葫蘆的滋味。不過自從在北京吃過一串很難吃的冰糖葫蘆後，就對這款小吃留下陰影。但試過喜識的出品後，又令我對這道小吃完全改觀。

大串山楂（¥10）

喜識所用的山楂明顯經過精挑細選，令冰糖葫蘆的酸甜度剛剛好，更重要的是所有山楂已經去核，完全不用擔心吐核的煩惱。每一串冰糖葫蘆均以可食用米紙包裹，也增添一份吃白兔糖的童年回憶。

這裏也有用其他水果製作及小串版的冰糖葫蘆，不過我還是覺得傳統的最好。

位於西麗的寶能環球匯大約有福田Coco Park的兩倍大，而且它的設計有點像福田Coco Park商場的室內部分呈圓環形。在整個商場的正中間有一個很大的露天中庭，周邊也有很多茶飲店，餐廳的數量有百多家。

另外寶能環球匯也是深圳野生動物園附近最大型的商場，可以順道一併遊玩。

馬路對面的塘朗城餐廳數量雖然不多，但也是比較受港人歡迎的餐飲，例如八合里、海底撈等，還有純K。

寶能環球匯（西麗店）

深圳野生動物園附近最大型商場

地 留仙大道 3288 號
交 地鐵 5 號線塘朗站 D 出口

2023 年 9 月 OPEN

八方田成都菜

地 A館 3 層
時 週一至五 11:00~14:30、17:00~21:30，週六日 11:00~21:30

非遺活渡鱸魚（￥68）

竟然在川菜館能吃到一條鮮鱸魚，甚是驚喜。酸甜帶微辣，魚肉鮮嫩，吃慣廣東口味的人士也能一嚐。

茶香鴨（￥38）

炸過的鴨肉，甜甜鹹鹹帶濃烈的煙燻及茶香味，我喜愛吃煙鴨胸，因此覺得這道多了茶味、外脆內嫩的茶香鴨簡直將煙鴨胸昇華了。不過肉量略微少了點，滿滿的茶枝下面只有幾塊鴨肉，如果分量大一點更有滿足感。

八方田雖名不經傳，但我試過幾次覺得出品還不錯，而且餐廳強調不做預製菜。

115

歡樂海岸

每晚均會放煙花的商場

地　白石路東 8 號
交　地鐵 9 號線深圳灣公園站 E 出口步行
　　940 米
遊　建議遊覽時間：XXXX

我這張照片就是在全
鴨季裏（與後文介紹
的金鴨季同一集團，
但走較高端路線）用
餐時拍下的。

歡樂海岸幾乎每晚（除了週一）均有燈光音樂噴泉匯演，匯演最後一幕更有長達 3 分鐘的煙花！雖然匯演最佳觀賞位置的座位需要另行收費，不過其實商場內有部分餐廳可以免費欣賞到煙花。

DJI 大疆（深圳旗艦店）

地 歡樂海岸旅遊信息中心
時 週日至四 10:00~22:00，週五六 10:00~22:30

作為 YouTuber，我很喜歡大疆推出的攝影器材，不過去一年如我需要維修產品是十分麻煩的事，因為深圳唯一一個官方線下維修中心，亦即位於歡樂海岸的 DJI 旗艦店，於 2023 年進行大翻新工程，幸好工程已於早前完成。

翻新後的旗艦店主要放開了一樓及三樓供人參觀，當中一樓設有不少實機供大家試用。

於內地購買 DJI 產品，不但更便宜，而且一些新產品通常會率先於內地市場出售，因此可以「早買早享受，仲平多幾舊」XD！

由於 DJI 是在深圳起家，這裏也有展出由初代至最新款的 DJI 無人機。

也有一些平常比較少機會見到，超巨型的農業用無人機，儼如一間小型博物館。

三樓是售後服務中心，環境比以往好，冷氣也更充足、更舒適。

DJI 近年也頻頻跟哈蘇合作，所以這裏也有專門售賣哈蘇相機的櫃枱。不過還是那句，在內地購買外國品牌的電子產品會較香港貴，建議先行格價。

附近景點

歡樂海岸對面的深圳灣公園，是長達 13 公里的海濱公園。不但可以眺望對岸香港天水圍、屯門一帶景色，亦是觀看日落的好地方。加上這裏有超長而平坦的單車徑，很適合新手在這裏學踩單車。

2023 年 4 月

Rail IN 睿印

地 深灣一路和白石三路交匯處
交 地鐵 9 或 11 號線紅樹灣南站 A 出口直達

位於深圳灣超級總部基地（簡稱「超總」）的睿印，周邊據說是深圳未來發展的核心（前海也是這樣自稱 XD），但現階段附近仍是一大片地盤，甚至連商場樓上的寫字樓都尚未入伙。所以睿印的出租率比較低，人流也十分稀疏。

靠近紅樹灣南站的中庭，有個懸掛在半空的藝術品「呼吸的蒲公英」，很適合打卡。十多朵蒲公英形狀的機械裝置上的「羽毛」會自行上下擺動，燈光會隨着節奏一閃一閃，機械齒輪發出的聲音也真的有點像呼吸聲。

睿印同時連通了兩個在地理位置上超級近的地鐵站——紅樹灣跟紅樹灣南站。以往要由其中一個站坐地鐵到另一個站，需要繞一個大圈；當睿印開業後，只要穿過商場 B2 層，步行大約 5 分鐘就可以來到另一個站。

後海匯

地 後海濱路 3288 號
交 地鐵 2 號線後海站 A 出口直達

說實話開業已近兩年、與地鐵後海站無縫連接的後海匯，至今仍然是個十分冷清的商場，內部商戶可以用十室九空來形容。不過商場的定位是針對年輕人市場，所以現時已進駐的商戶之中有不少是售賣潮流服飾和潮流玩物的店舖。如果想買這些東西，這裏依然是不錯的選擇。

寶能 · All City（南山店）

地 蛇口工業八路 96 號
交 地鐵 2 號線海月站 B 出口步行 100 米

距離深圳灣口岸最近的商場，只需乘坐一個站巴士即可到達。不過當深圳地鐵 13 號線開通後，前往後海站一帶的商場會較前來這裏方便一點。這裏雖然是個居民區的商場，但雲集了不少港人熟悉的連鎖餐飲品牌，例如潤園四季、海底撈、太二、西貝莜麵村、八合里等等。

如果說福田是深圳的現在，南山是深圳的未來，我想羅湖代表了深圳的過去。這裏是改革開放後深圳最早發展的地方，更是港人對深圳最早認知和熟悉的地區。

雖然經濟早已被南山及福田區超前，但由於交通十分便利，無論是經羅湖、文錦渡或香園圍口岸過關均能直達；加上關口附近吃喝玩樂商戶一應俱全，物價也比南山、福田稍低，羅湖依然是不少港人北上消費的首選目的地。近年羅湖也有多個大型重建計劃相繼完成，新的地標及景點也為羅湖區帶來活力，一改過去老舊社區的髒亂印象。

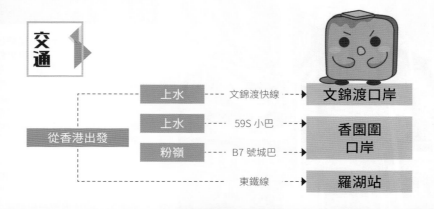

① 深圳文和友 ② 深圳萬象城 ③ KK mall 京基百納空間 ④ 萬象食家
⑤ KK TIME 京基百納時光 ⑥ 金啤坊 ⑦ 盒馬・生鮮奧萊 ⑧ 愛國路年宵花市

我曾經覺得發展潛力一般的深圳文和友，居然在 2023 年重新裝修，並且引入一批以餐飲為主的新商戶。

2023 年 9 月
RENOVATE

深圳文和友

九龍城寨風網紅美食城

地　解放路 3002 號
時　11:30~00:30
交　地鐵 1 或 3 號線老街站 G 出口步行 340 米

內部公共區域最大改動是把以前的中庭圍封起來，變成一家酒吧。這不但令可供打卡的地方少了很多，而且只剩下十分狹窄的通道，空間感也蕩然無存。不過由於之前電影《九龍城寨之圍城》熱播，而不少網民均認為這裏的新裝修，那股城寨場景的感覺更為強烈，反而吸引一批人過來獵奇。另外地面層現已成為燒烤一條街，有各式口味的燒烤店任君選擇，喜愛吃燒烤的話也可以過來逛逛。

2023 年有介紹過面向馬路的網紅小吃街，價格雖稍貴，但用料好很多。特別是現在東門町美食城正圍封改建中，想掃街的話這裏是不錯的選擇。2024 年到訪時發現每家小吃店招牌上方都懸掛了店家招牌菜式的巨型裝飾，很有漫畫風，也很搶眼，只是造型有點……

笨羅蔔瀏陽菜館

地 文和友 L3 層
時 10:30~14:00、15:30~21:00

翻新後的深圳文和友,引進了長沙的超級網紅店笨羅蔔瀏陽菜館,也被人視作文和友絕地翻身之舉。它的長沙總店我也吃過,不但價格低廉,味道也算不錯。雖然深圳分店佔地面積頗大,佔據了大半層樓,但即使是平日晚上也經常要排隊,想試的話建議早點過來。另外餐廳名之所以用「羅」字,是據說老闆姓羅,而不是寫錯字。

香煎金錢蛋(¥28)

這裏最受歡迎的菜式,將焙蛋切成一片片拿去炸,然後連同剁椒一起炒。剁椒經高溫炒製後,不但變得脆脆的,香味更能散發出來,有點像香港粉麵店的辣椒油;而炸過的雞蛋更能吸味,加了大量蒜蓉和葱花,非常惹味。

小炒鮮牛肉(¥49)

這裏也有賣常見湘菜,例如小炒鮮牛肉。雖然牛肉較坊間的切得較碎及分量較少,但價格便宜很多。醬汁也比較多,且牛味香濃,適合用來「撈飯」。

原創醋蒸雞(¥46)

有別於湘菜以炒菜為主,瀏陽美食以蒸菜為主,感覺更健康,也較貼近香港人口味。據說比較傳統的瀏陽蒸菜以蒸臘肉為主,不過笨羅蔔最招牌的是這道聲稱是原創的醋蒸雞。雞肉表面鋪上大量剁椒,再倒點醋一起蒸,上菜後阿姨會用勺子拌好,讓它更入味。剁椒的香味完全滲入雞內,酸酸辣辣的,但又不會很辣,非常開胃。

米飯(¥3)

跟其他湘菜館一樣,這裏的米飯也是無限任添的,而且是用以前那種不鏽鋼保溫飯壺盛載,很配合文和友的市井裝修。

深圳
萬象城

深圳 TOP 1 商場

地 寶安南路 1881 號

時 週日至四 10:00~22:00、週五六
　 10:00~22:30

交 地鐵 2 號線大劇院站 F 出口步行 440 米

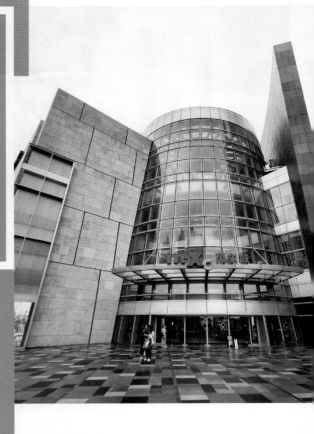

不要看深圳萬象城人流好像不多，其實它是全深圳全年營業額最高的商場！雲集了深圳其他商場少見的奢侈品牌門店，隨便一個手袋的定價可能是不少深圳居民幾個月的人工。所以來逛深圳萬象城的人，不少都是高消費能力人士。我先介紹一下這裏的新餐廳及新變化吧！

整個深圳萬象城分為三期，其中第三期於 2023 年初開業。最近連通一期與三期的兩條行人天橋亦已落成啟用，方便乘坐地鐵的人過去三期消費。

2022 年 12 月 OPEN

Ralph's Coffee

地 一期 3 樓 L385、L385A 號商鋪
時 10:00~22:00

這裏除了蛋糕類產品，亦有售賣西式輕食，如 All day breakfast、沙律、三文治等，據說是華南地區首家有供應輕食的分店，其食物賣相精緻，不過由於到訪當天剛吃過午餐，所以就沒有替大家試吃了。

雖然香港也有數家 RALPH'S COFFEE，但假如你是這個品牌的忠實支持者，我還是建議你來光顧一下深圳萬象城店。

深圳分店的座位也比較多，裝修具輕奢風格，以其標誌性的綠白色，配以啡色作主調，低調又顯貴氣。

有別於香港分店的咖啡是用外賣杯，這裏堂食的話是用瓷杯盛載，杯口闊一點，拉花造型會更精緻。例如這個熊頭造型拉花，真的有點可愛。

125

ANGELINA 安吉麗娜

地 一期二樓 L209
時 10:00~22:00

雖然我未去過巴黎總店，不知道深圳分店的出品是否跟總店的一模一樣，但這個栗子蛋糕真的很好吃。表面大量的栗子蓉口感極度幼滑，幾乎沒甚麼顆粒感，而且栗子味超級重；裏面的忌廉也很輕盈，把整個吃完也沒有甚麼罪惡感。更重要是蛋糕分量十足，跟拳頭差不多大，栗子蓉和忌廉、蛋糕的比例幾乎達到一比一！所以 ¥88 又沒有想像中貴。另外這款蛋糕還有酸櫻桃和開心果口味可供選擇。

Mont-Blanc 蒙布朗（¥88）

最招牌的產品是法式栗子蛋糕 Mont-Blanc，據說這款蛋糕是由這家甜品店發明，其獨家配方至今尚未流出，所以在這裏吃到的理論上是最正宗的版本。不過想吃到正宗口味，代價是荷包出血 XD，這個蛋糕要賣 ¥88，是我在內地暫時吃過最貴的單人份蛋糕！

ANGELINA 是巴黎一家享負盛名、有百多年歷史的甜品店。據說不少名人也是座上客，例如 Chanel 創始人 Coco Chanel。而深圳分店是華南地區首家分店。

開心果拿破崙（¥88）

拿破崙是另一款比較多人推薦的甜品，不過跟其他地方吃到的拿破崙有很明顯的分別。這裏的酥皮只有兩層，而且特別厚；口感不是酥脆的，而是有點像放軟了的消化餅口感，所以可以用刀切開，也是我第一次遇到能用刀切的拿破崙。我還是比較喜歡酥脆版本，所以不太懂欣賞這個蛋糕。幸好中間的開心果忌廉口感輕盈，開心果味十分濃郁，挽回不少分數。

2022 年 5 月 REOPEN

喜茶黑金店

地 1 期 B1 層 B20 號鋪（近下沉廣場大門）

時 24 小時營業

話說萬象城一期以前是有百貨公司的部分，該範圍於早年重新裝修，並融入了商場主體不作區分。RALPH'S COFFEE 就是位於昔日百貨公司的範圍。而以前在百貨公司外圍的喜茶黑金店，則於 2022 年在一期 B1 重新開業。

黑金店其中一個特別的地方是裝修。有別於喜茶其他分店以白色做主調，這裏以黑色和金色做主調。加上搬遷後的黑金店多了一個荒野主題，令整家門店的氛圍多了一股神秘感。

這裏也有售賣門店限定產品，例如炒冰，即是在一塊超低溫的鐵板上反覆翻炒果汁，令其凝結成沙冰塊，相當特別。

手炒黑金莓桑冰（￥29）

個人覺得喜茶的炒冰顆粒感很重，未夠幼滑，而我到訪當日下午等了兩個小時也未見員工有再製作，體驗感未及其他即叫即造的炒冰店好。

2024 年 1 月 RENOVATE

食通天‧寰宇集

地 一期四樓 L426 號商舖

雖然深圳萬象城大部分商店均是奢侈品牌，但這裏仍然有親民貼地的美食廣場。這個 Food court 最近重新裝修，不但空間更闊落，亦引入一些更受歡迎的連鎖快餐店以及西式輕食品牌。

127

松鶴樓麵館（連鎖店）

地 D05 鋪位
時 10:30~21:00

松鶴樓原是蘇州一家始創於清乾隆年間的酒樓，與北京全聚德、揚州富春茶社、杭州樓外樓並稱「中國四大名店」。據說該餐廳原是以麵點起家，於2019年回歸初心，開設快餐店形式的副品牌松鶴樓麵館，主打蘇式湯麵，並迅速於各大城市開設分店。

紅湯麵（¥15）

蘇式湯麵的靈魂是湯底，有紅白兩種，而且每家的配方都有很大分別。松鶴樓的紅湯據說是以黃鱔骨及燜肉的肉汁等配料熬製，帶輕微香料味道。其味道較淡，跟我以往在蘇州吃過的有分別。

白湯麵（¥12）

白湯做得比較出色，不但能做到湯色透明如琥珀，不見任何雜質，而且很濃骨湯鮮味，外加些許白滷汁增添香氣。當然更重要的是價格比較便宜呢XD～麵條軟滑中帶點彈牙，是我很喜愛的口感。

古法燜肉（¥25）

蘇式湯麵通常要自行單點湯麵及「澆頭」，即配搭麵條的餸菜。最多人選擇的是古法燜肉，即滷製過的五花肉。由於澆頭多為冷盤，建議先放到湯裏浸 1 至 2 分鐘。豬肉煮得有點爛，用筷子亦可以夾斷，但可以再爛一點；滷汁香味稍淡，主要吃到的是湯底味道。另外古法燜肉其實更建議配搭紅湯來吃，不要學我放進白湯裏。

響油鱔糊（¥46）

黃鱔新鮮也夠彈牙，不過分量有點少。總括而言，松鶴樓麵館的深圳分店雖然出品未臻完美，但這是深圳少有可以吃到蘇式湯麵的地方；特別是如果你喜歡吃日式拉麵，相信你也會愛上蘇式湯麵。

白滷鴨（¥39）

白湯更推薦配白滷鴨，也是松鶴樓酒樓招牌菜之一。鴨肉肉質嫩滑，加上白滷的各種香料味，特別是八角香味很突出，很好吃。另外可能為迎合蘇州以外人士的口味，這道菜居然不是冷盤，而是有加熱過的。

正德順順德雙皮奶

順德雙皮奶在深圳有數家門店，萬象城店早在美食廣場翻新前就已在裏面以茶餐廳形式經營。美食廣場翻新後，它另設專賣甜品的櫃位，方便只想吃雙皮奶的顧客。

原味雙皮奶（¥20）

口感香滑，奶味香濃，蛋味稍淡，但整體而言水準算不錯，不過可能開在商場裏，定價有點高。

Café Leitz

地 二期 C 棟 101S163 商舖
時 10:00~22:00

這副限量版 Leica 麻雀，定價 ¥4888，可能適合珍藏多於耍樂。

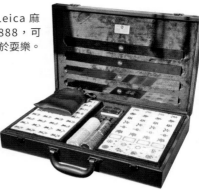

CAFÉ LEITZ 是一家兼售 Leica 產品的咖啡店。雖然我買不起 Leica 的產品，但還是可以過來買杯飲料坐一坐，又或者買些 Leica 的周邊產品。

牛奶奇諾（¥36）

說實話這裏的咖啡我不太懂得欣賞，所以我會更建議點這杯表面有 Leica logo 的牛奶奇諾。雖然一杯 ¥36 的甜牛奶很貴，但至少可以用來打打卡。

這裏還有閣樓的部分，除了有個小型 Leica 攝影展，亦有展出與 Leica 有關的攝影書籍及雜誌。另外這裏也提供攝影課程及藍曬肖像攝影服務，不過價格跟 Leica 相機一樣相當高昂 XD。

牆上巨型漫畫風 Leica 相機壁畫，是很受歡迎的打卡點。

羅湖

2023 年 5 月 OPEN

MUJI 旗艦店

地 三期 3-5 層
時 11:00~22:00

位於萬象城三期的 MUJI，是華南地區首家 3 層旗艦店。面積不比香港旗艦店大，所以在這裏主要跟大家分享內地 MUJI 跟香港的分別。

也有部分產品採用內地非物質文化遺產工藝來製作，例如這些編織袋。

當然內地分店有些產品比香港的貴，最好先行格價。除了可透過香港的 MUJI passport HK app 搜索價格，部分產品上的標籤亦會同時羅列各地區的定價。

白朱古力士多啤梨（¥18）

內地分店售賣的零食多是內地製造，例如白朱古力士多啤梨，口味上我覺得和日本版分別不算明顯，但價格比香港的便宜很多。

2024.02.19

白巧克力亦干草莓
White Chocolate Freeze Dried Strawberry

淨含量:65克

把整粒草莓冷凍干燥
裹上牛奶風味的白巧克力
每粒大小不同。

MUJI 無印良品

內地 MUJI 有不少限定產品，例如 iPhone 手機殼（¥28）及手機繩，均是香港分店沒有出售的。

內地 MUJI 的服裝類產品亦較多元化。萬象城旗艦店更設有 MUJI IDEE 及 MUJI WALKER 等專區，亦有提供繡字及印圖案服務。

這裏亦設有 MUJI INFILL 無印良品家裝服務，為你的家度身訂造無印風家具。

HKD		$85
SGD		$16.00
CAD	$16.90	AUD $16.95
현대가	12,900원	RM 49.90
新台幣	330元	
	价格	68元

45497386

KK MALL 是深圳上一代第一高樓京基 100 底下的商場。相對於附近深圳最高端商場羅湖萬象城，這裏定位不算高，但招租能力尚算不錯，有不少受港人歡迎的餐飲品牌進駐。

2023 年 11 月 OPEN

爐魚

地 4 樓 01-401a 號商舖
時 11:00~16:00、16:30~21:00

在深圳眾多連鎖烤魚品牌中，探魚是名氣最大、分店數量最多的一家，不過我更喜愛來自杭州的品牌爐魚。它於疫情前曾在深圳開設分店，其後全線倒閉，直至 2023 年再次重返深圳市場，於 KK MALL 及後文介紹的 KK TIME 開設分店。由於爐魚與走親民路線的杭幫菜餐廳「外婆家」屬同一集團，因此兩家分店相連。

KK mall 京基 百納空間

2023 年 11 月 OPEN

前深圳第一高樓底下商場

地 深南東路 5016 號
時 週日至四 10:00~22:00、週五六 10:00~22:30
交 地鐵 1 號線大劇院站 B 出口地下通道直達

蒜香味湄公魚（¥118）

魚方面有 4 種，最便宜的是湄公魚，即是「假龍脷魚」。魚肉很嫩，鮮味不淡，沒有腥味，更重要的是整條魚幾乎沒有魚骨，味道不錯，性價比很高。

爐魚有 10 種口味可供選擇，最招牌的蒜香味。雖然叫做「蒜香」，其實蒜味不濃，味道偏甜，醬香味濃。雖然表面有不少辣椒，其實辣度甚輕，很符合不嗜辣者的口味。

St. Regis（瑞吉酒店）

地 京基 100 大廈 A 座 96 樓

剛才說到的京基 100 曾是深圳最高建築物，共有 100 層高。其中 75 至 100 層是深圳瑞吉酒店範圍，也是全深圳最高的酒店，可以飽覽羅湖及福田一帶的壯麗城市景觀。平日基礎房型一晚約為 ¥1500（含稅），比香港的瑞吉酒店或同樣位處高層的麗思卡爾頓酒店便宜很多，服務方面則可再貼心一點。

深圳博物館（古代藝術館）

地 福田區同心路 6 號
時 週二至日 10:00~18:00
　　（17:30 停止入場）
休 週一
約 微信公眾號「深圳博物館」
交 地鐵 9 號線紅嶺南站 A 出口
　　步行 660m

其實這個博物館是屬於福田區，不過因為由 KK MALL 走過去並不遠，所以在這裏順道介紹。

館內有不少古代藝術品可以觀賞，常設展覽是銅器展及陶瓷展。藏品大多是在其他城市發現的，但都是一、二級文物。博物館更花了不少心思以藝術角度向遊客講解這些藏品，值得花一兩個小時細看。

博物館於 2020 年完成大翻新，室內走極簡風格。中庭位置以白色做主調，並設有 3 部「膠囊」外形的子彈升降機。雖說是古代藝術館，裝修卻很後現代，帶來強烈的反差感！

133

其實由萬象食家的名字大家也能猜得到，它主打的就是餐飲。有超過一半商戶都是餐飲店舖（約 80 多家），絕對是深圳商場中比例最高的。

過去一年商場有不少改動，除了引入新的餐飲及其他類型商戶，部分舊餐廳亦有搬遷。例如 2023 年跟大家介紹過的潮汕糖水店閱蓮軒，現已遷往人流較多的 5 樓，面積也幾乎大了一倍。

2022 年 9 月
OPEN

萬象食家

美食主題商場

地　羅湖區梅園路 71 號
時　週一至四、日 10:00~22:00、週五六
　　10:00~22:30
交　地鐵 7 號線筍崗站 A 出口直達

2024 年 1 月 OPEN

盒馬鮮生（連鎖店）

地　L120
時　07:30~22:00

昔日有不少售賣較高檔次食材的商戶攤檔，名為「食家市集」的 B2 層，2024 年年初改建為香港人較熟悉的超市盒馬鮮生。網上介紹這是全深圳最大的盒馬鮮生，不過就我現場所見，面積應該不及皇庭廣場店。

盒馬鮮生是阿里巴巴旗下的超市，主力做配送到家服務。由於盒馬誕生之時，網上超市仍是十分嶄新的概念，為求令顧客信服貨品夠新鮮，所以盒馬在店內提供即撈即煮海鮮服務。在海鮮池揀選海鮮後，便可在點餐區選擇烹調方法及埋單，待海鮮加工完畢後即可取餐。

盒馬的蔬菜及肉類亦很強調新鮮程度。「日日鮮」系列在包裝上會有醒目標識，讓顧客一眼就能知道來貨日期。

這裏設有就餐區域，供客人即場享用美食。

超市內亦有其他檔口，可以選購各類熟食。

2022 年 9 月 OPEN

labaker（連鎖店）

地 L120
時 07:30~22:00

Labaker 是近年冒起得很快的新式創意麵包店，當中有不少中西融合的麵包產品。而位於萬象食家的分店屬較大型的門店，更附設咖啡店部分。

開心果黑麥鹼水（¥18）

近年內地很流行鹼水麵包，亦成為不少麵包店最受歡迎產品，Labaker 都不例外，最多人買的是這個低油低糖的開心果黑麥鹼水，微鹹，滿滿的開心果、黑麥及鹼水香味，口感煙韌，但又不會很難咬開。

客家黃酒桂圓洛代夫（¥25）

最特色的產品是這個加入了以客家黃酒浸泡的桂圓的洛代夫麵包，帶有挺重的桂圓和黃酒香味。不過建議最好加熱後食用，外層口感會較脆，較易咬開，不然的話對牙力不好的人不太友好 XD。

鹼水酥（¥15）

不過我更愛這個鹼水酥，酥脆中帶點煙韌的感覺，口感超神奇！加上很重的牛油及鹼水香味，十分滿足！

附近好去處

寶能環球匯（羅湖店）

地 羅湖區寶安北路 3008 號
時 週一至四、日 10:00~22:00、週五六 10:00~22:30
交 地鐵 7 號線筍崗站 E 出口步行 510 米

在萬象食家對面的寶能環球匯，雖然名氣沒那麼大，但由於早一年開業，也有不少知名餐飲品牌進駐。而且其他類型的商店也比萬象食家豐富，特別是有多間兒童遊樂及學習中心。

筍崗文具玩具禮品城

地 羅湖區寶安北路 2011 號
時 08:00~19:00
交 地鐵 7 號線筍崗站 E 出口步行 400 米

除了文具及玩具店，還有不少賣日用品、小禮品、運動用品，甚至是嫁娶用品的店舖。絕大部分商戶歡迎零售，就算只想買少量商品也可以過來逛逛。由於店舖都是批發店，大部分貨品的售價甚至比淘寶低。

KK TIME 位處的水貝是全國最大的珠寶交易市場所在地，所以商場最大特色是在 1 層及 B1 層設有超大的「臻選・珠寶生活空間」，雲集眾多珠寶商戶。有興趣在內地購買珠寶的不妨逛逛。內裏最吸引我的是一家客家菜食店。

KK TIME
京基百納時光

珠寶主題大型商場

地　文錦北路 2090 號
時　週日至四 10:00~22:00、週五六 10:00~22:30
交　地鐵 3 號線水貝站 B 出口步行 520 米

2023 年 11 月 OPEN

曉文客家本色・有機餐廳

地　4 樓 401
時　11:30~21:30

由於客家菜很多菜式較容易製成半成品，適合大型連鎖店經營；加上前文也提及過，深圳本是客家人聚居的地方，所以這裏有特別多連鎖客家菜餐廳，其中「客語」是疫情前早已彈起的品牌，而近年崛起得最快的其中一個品牌則是「客家本色」，在深圳不少新商場都看到它的分店，當中位於 KK TIME 的分店是最特別的一家。

有別於其他分店名字後綴通常是「客家菜」，這家分店則是「有機餐廳」。據店員介紹，該分店不但大部分菜式皆是用上有機食材，更獲得「有機餐廳」的認證。用上有機食材的菜式，會在菜單上特別註明，而在餐廳門口則展示了所用的有機食材。

有機猴頭菇燉土豬肉（¥49.9）

客家餐廳常見的土豬菜，這裏加入有機猴頭菇一起燉煮，並且用茶壺盛載，方便隔走湯渣。猴頭菇的香味讓豬肉的鮮味得以昇華，是不錯的配搭。

雞湯有機甜菜心（¥33.9）

老實說較貴的有機菜，對比非有機的，在味道上的差別我覺得不算大，更重要的應該是心理上會覺得較健康吧！

石磨釀豆腐（¥25.9/4 件）

釀豆腐也有類似問題，上菜後也是建議盡快享用。味道跟大部分連鎖客家菜店的出品差不多，唯一優勝的地方是最少可以點4 件，兩個人吃就可以留肚子試其他菜式。

手撕鹽焗雞（¥75.9）

在連鎖客家菜餐廳吃鹽焗雞，就不能期望雞味會及得上小店。客家本色聲稱用上會「飛」的走地清遠麻雞，雞味不算淡，肉質也不會很老，雞皮亦有爽脆感。

我反而不太喜歡這個保溫爐，很容易就會燒焦，所以我建議上菜後要不盡快吃光，要不就把雞肉全推到邊上沒有受熱的位置。

洪湖公園

地 文錦北路 2023 號
時 06:00~23:00

在 KK TIME 對面的洪湖公園,是深圳看荷花最著名的地方,每年 6 月會舉辦荷花展,喜愛荷花的話,千萬不要錯過。

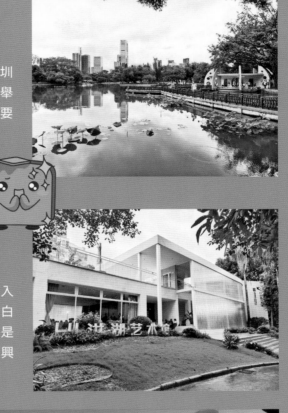

2023 年 6 月 OPEN

洪湖藝術館

地 文錦北路 2030 號
時 週二至日 10:00~18:00
休 週一

位於洪湖公園的洪湖藝術館是免費入場的小型藝術館。開館時曾舉辦齊白石及張大千真跡展,不過近期大多是學校的師生作品展。對藝術有濃厚興趣的人士,亦可考慮抽空逛逛。

金啤坊藝術街區由 2012 年開始停運的羅湖金威啤酒廠改建而成，主要作為藝術展覽場地。2023 年的深港城市 / 建築雙城雙年展，主場館就設在金啤坊。由於仍然保留不少廠房的建築結構，所以有不少很獨特的打卡位。

金啤坊

羅湖最新夜生活蒲點

地 東昌路 9 號
交 地鐵 5 號線步心站 B 出口步行 450 米

想了解金啤坊的前世今生，現時在後文介紹的老爺鮮釀旁，就有一個介紹整個活化計劃的小型展覽。

未活化前的啤酒廠模型。

最標誌性打卡位是 D 棟的發酵罐區，這裏有 29 個大小不一的大型發酵罐筒倉，大部分有 7 至 8 層樓高。站在筒倉正中心位置，仰望天空，是我最愛的打卡位。你甚至可以走進筒倉裏，看看內部結構呢！

2023 年仍然是比較冷清的金啤坊，於 2024 年已有翻天覆地的變化，幾乎每棟都進駐至少一家商戶，而且每家各有特色。或者由於這裏曾是啤酒工廠，有不少商戶都是**特色酒吧**，令這裏成為羅湖最新的夜生活蒲點。

2023 年 5 月 OPEN

星巴克臻選

地 A 棟
時 07:00~22:30

4 層高的 A 棟是一座觀景塔，設計靈感據說是源於水塔。2023 年整棟被用作開設深圳 Starbucks 的第 300 家門店，是深圳少見的獨棟 Starbucks 門店。

這座塔不單外形獨特，內部設計也非常特別。連同兩層閣樓共有 6 個樓層，每層皆是不一樣的設計風格。

散佈在各樓層的「畫作」，其實是用 Starbucks 店內會用到的物料，例如環保飲管、裝咖啡豆的麻布袋、咖啡濾紙等來創作，而創作主題與樓層主題相互呼應。

唯一共通點就是這些壁畫，分別代表咖啡豆萃取成咖啡的 6 個步驟，所以想參觀的話建議坐電梯到視野最好的頂層「生長」開始逛。

141

每個樓層都設有面向不同方向的小窗，我最愛是這個掛着 Starbucks reserve logo 的小窗，剛好正對着金啤坊與天河城中間的廣場，靜看在這裏散步的遊人，有種很安逸的感覺。

樓層間以不同設計的旋轉樓梯連接，除了是打卡位，亦令顧客多了一份尋幽探秘的感覺。

由於內部結構錯綜複雜，也生成不少私隱度較高的小天地，讓你可以靜下心來品嘗咖啡，不怕被人打擾。

2023 年 12 月 OPEN

Kuddo coffee

地 B 棟 101
時 08:30-20:00

豆花拿鐵（¥28）

嫩滑中帶點 Q 彈的豆腐花味布甸，豆味香濃，與咖啡的焦香味碰撞出類似芝麻糊的香氣，挺好喝的。

Kuddo 的最大特色是每家門店都會花很多心思在裝修上，讓你走進不同門店，也有完全不一樣的體驗。例如壹方天地店像家自修室，而金啤坊分店由於設在舊廠房的水泥建築內，有股很真實的廢墟風格。

門店側門更是很粗暴地直接在厚厚的水泥牆上開鑿，完全不加任何修飾，周邊的鋼筋也裸露出來，是最受歡迎的打卡位。

斑駁的牆身，外露的管道，就是最原始的工業風格。

跳海酒館 BASE

2023 年 10 月 OPEN

地 B 棟 B05
時 18:00~02:00

你可以邀請陌生人陪你玩玩桌遊，甚至是打麻雀。

如果你想喝酒，但找不到人陪喝，又不想自己喝悶酒，那就要來跳海了！它是兼具社交屬性的酒館，即使社恐人士來到這裏也能敞開心扉。

這裏沒有酒吧常見的骰子、啤牌，甚至連酒水也像茶飲店一樣需要自取，卻設置了不少在其他酒吧聞所未聞的遊樂設備，例如乒乓球、電影放映、健身單車⋯⋯

叢返自然・音樂酒館

2023 年 10 月 OPEN

地 C 棟
時 12:00~02:00

C 棟底下現時有一家音樂酒館進駐，每晚都會有民謠表演。喜歡一邊喝酒，一邊聽音樂的話，這裏是不錯的選擇。

這裏白天是一家很有趣的飲品店。由於這裏是半露天，酒館內種植了不少植物，部分座位更完全被綠植包圍，真的有「重返自然」的感覺。

143

老爺鮮釀 OLD MASTERS FRESH BREW

OLD MASTERS FRESH BREW

首先要跟大家說聲對不起，因為我於 2023 年按照網上流傳的說法，說這家老爺鮮釀是由金威啤酒老員工所經營，不過我後來再向酒吧負責人求證，才得知這個資訊是錯誤的。無論怎樣，我還是推薦大家來小酌幾杯，因為在這裏可以喝到在深圳甚至全國都很難找到的就地鮮釀原漿啤酒。

◀ 2022 年 10 月 OPEN ▶

老爺鮮釀 · 創意西餐精釀 Bistro

地　D3 棟 1 層
時　11:00~02:00

何為就地鮮釀？即是說啤酒在酒吧內釀造，然後不進行殺菌工序，直接賣給顧客。在老爺鮮釀門口旁就是釀酒的車間，幸運的話可以看到釀酒師在釀酒呢！

一口升天（¥0.99/10mL）

順道說說內地精釀啤酒酒吧的買酒方法。除了可以點一杯，也可以買一張儲值卡（老爺精釀用的是智能手環），拿起杯子，走到啤酒台前，選擇心儀的口味，用手環「嘟」一下啤酒名字下方感應器。

拉動下面的搖杆，把酒杯斟滿，然後就可以回到座位慢慢享用了。計價的方法是按照容量來計算，在啤酒名字旁會有註明，所以千萬要小心不要「斟瀉」。

最招牌口味，用上初榨麥汁釀造，麥香激濃！由於鮮釀的關係，只有超純的小麥香及酒精味，沒有其他味道。正常來說要在啤酒廠才能喝到如此新鮮的啤酒，但在金啤坊就能輕鬆喝到。

老爺

售价：¥0.99 / 10 ML

特别致敬款：
「复寻重溯」
RETRACE AND REFUND
德式皮尔森
GERMAN PILS

酒精度
5.0%VOA

麦汁浓度
12°P

苦度值 20
(有点苦)

· 重现罗湖老味道
· 致敬深圳精神

鮮釀

這裏最特別的是這款「復尋重溯」。雖然酒吧並非由金威老員工運營，但這款啤酒是由金威老員工釀造，讓老一輩的深圳人回味老金威的味道。

喝醉後，記得對着天花上的「漏斗」大叫幾聲！它其實是樓上那些發酵罐筒倉的底部，所以有很強的回音效果～果～果～果～

藍靛仙
（¥62/460mL）

不喜歡苦澀味啤酒的話，可以試試這裏的果啤。當天負責人請我喝了這款期間限定的「藍靛仙」。口感超綿密，藍莓及樹莓的果香味也很濃，加上雲呢拿及茉莉花香味，你會以為自己在喝奶昔，根本不像啤酒！

小貼士

逛完金啤坊，還可以逛逛旁邊的深圳天河城。雖然不大，商戶也是常見品牌，不過它有一個挺大的天台花園，也有不少餐廳設露台座位，可以從較高的角度俯瞰整個金啤坊。另外商場二期於本書截稿時已告平頂，一期 3 樓連通二期的天橋亦已落成。二期預計於 2024 年第四季開幕，據說會有較多提供玩樂體驗的商戶。

經典穀飼牛肉漢堡（¥58）

這裏也有供應一些中西融合輕食，不但質素挺高，而且重點是格價不貴。

145

盒馬奧萊的「奧萊」其實是指 Outlet 的內地中文譯名「奧特萊斯」，即散貨場或特賣場。這裏收集了盒馬其他分店的餘貨，並以低價清貨。

這裏有差不多一半產品都是盒馬旗下的副線品牌「盒馬 NB」，其他知名品牌的貨品不算太多。

盒馬·生鮮奧萊

2022 年 7 月
OPEN

超平蔬果、零食特賣場

地　黃貝嶺二路深業東嶺 7A 負一樓
時　08:00~22:00
交　地鐵 2 號線黃貝嶺站 D 出口步行 550 米

前文介紹過普通盒馬分店的「日日鮮」系列產品，只會於來貨當天出售。倘若分店關門時尚有貨品未賣出，就會運來盒馬奧萊散貨，所以這裏最多的就是那些離開了「日日鮮」行列的蔬菜和肉類，價格超級便宜，例如 4 條長白蘿蔔只需 ¥3。但是提醒大家，始終不是最新鮮貨品，選購時要特別用心。這裏亦有賣預先包裝食品、飲品和日用品，不過絕大部分都是接近最佳食用期限的。

十五年亞克西餐廳

地 春風路 1001 號錦星花園 4 棟一層 102 號
時 10:00~02:00
交 地鐵 9 號線文錦站 B 出口步行 190 米

烤羊排（¥60 起）

這裏的烤羊排做法跟坊間的有很大差異，是先用粉漿包裹再拿去烤，比直接烤更鮮嫩多汁，部分位置更有酥脆的口感。

文錦渡口岸附近據說是新疆駐深圳辦事處所在地，所以在同一條街上可以有四家新疆菜餐廳。當中名氣最大的是距離文錦地鐵站最遠的十五年亞克西餐廳，雖然環境一般，但到訪當天發現絕大部分員工均是操着濃濃的維吾爾族口音，感覺上很正宗。

羊肉串（¥6）

雖然這裏沒有連鎖新疆菜餐廳那些充滿新疆風情的裝修，以及維吾爾族人士的歌舞表演，但菜式價格很便宜！例如新疆菜必吃的羊肉串，這裏一串只需要 ¥6！更重要的是肥肉比例較少，羊肉味更重，羊羶味也會較重，但我覺得還是在可接受的範圍內。

蜂蜜格瓦斯（¥16）

一種以黑麥麵包發酵而成的飲料，酒精濃度很低（據說只有約 1-2%）。味道有點像麥香味特別濃的啤酒，加上蜂蜜的味道，甜甜的很好喝。

這裏更會奉送由哈蜜直送的哈蜜瓜，超甜多汁，是我暫時吃過最好吃的哈蜜瓜！不過蜜瓜是在店外沒有遮蓋的地方切的，介意的話要留意。

每逢歲晚，深圳各區均會舉辦年宵花市，當中最大型的是羅湖愛國路花市。該花市其實是深圳歷史最悠久的花市，在 80 年代就已經存在，但自 2016 年起暫停舉辦，停了 7 年之久，到 2023 年才恢復。愛國路花市有超過 300 個攤檔，除了花，也有不少售賣街頭小食及文創精品，很像香港的維園年宵市場。不過不好意思，我到訪的時候忘記拍照，所以只好用之前花市正在搭建時拍過的照片來跟大家介紹 XD。

愛國路年宵花市

2023 年 1 月
REOPEN

地 愛國路（華麗路—怡景路路段）

時 年廿四至年三十左右（具體以每年官方消息為準）

交 地鐵 3 號線翠竹站 B2 出口步行 300 米，或地鐵 5 號線怡景站 D 出口步行 500 米

ok

另外提醒大家，並不是所有植物都可以由內地帶走過關的。譬如蘭花和多肉植物，由於屬瀕危物種，要有許可證才可以帶過關，所以港人要特別留意，最好避免在深圳花市購買蘭花。

附近美食

正能量脆肉鯇火鍋

地 愛國路 3058-1 號

時 11:00~22:00

交 地鐵 7 號線太安站 B 出口步行 1300 米

一家已有多年歷史的老字號脆肉鯇專門店，新鮮現殺，門外有大魚缸飼養着不少鯇魚。

泉水湯底（¥15）

為突顯脆肉鯇的新鮮，這裏甚至有泉水湯底可供選擇，也只有蒜蓉、葱花、豉油、辣椒、花生油等醬料，務求令顧客可以清楚品嘗到脆肉鯇的鮮味。

魚皮（¥55）

這裏有不同的魚部位可以挑選，不同部位口感也不盡相同。所謂的魚皮，其實也有連着一點魚肉，口感極度爽脆！

魚腩（¥55）

不過我更喜歡魚腩，雖然沒有魚皮那麼爽脆，但脂肪含量更高，鮮味更濃！

椒鹽魚骨（¥68）

這裏也有不少用脆肉鯇來烹調的菜式，最受歡迎的是椒鹽魚骨，口感較用普通魚種做的椒鹽魚骨更彈牙。

美食介紹／蓮塘景點

自從蓮塘口岸開通及地鐵 2 號線延長後，到蓮塘遊玩就方便得多。蓮塘有不少景點及美食很值得到訪，這裏介紹一些名氣比較大的給大家參考。

公園內還有一座全深圳香火最鼎盛的寺廟——弘法寺。如欲參拜，可於公園門口乘坐付費接駁巴士，費用為 ¥3。

仙湖植物園

地 仙湖路 160 號

時 06:00~21:30（18:00 停止入場）

費 全票 ¥15（可提前於仙湖植物園小程序購票），60 歲以上長者免費

交 蓮塘口岸 1 巴士站乘 M526 路巴士至仙湖植物園總站，或蓮塘口岸 2 巴士站乘 220/M102/M182 路巴士至仙湖植物園總站

可能不少人都已到過仙湖植物園，這裏就簡單介紹一下吧！除了可以看到各種各樣的植物，也會不定期舉辦花展。例如 2023 年粵港澳大灣區花展的主會場就是設在仙湖植物園內，2024 年 2 月亦舉辦鬱金香展，是喜愛賞花人士必到景點。

順德大排檔

地 蓮塘路 100 號
時 10:30~14:00、17:00~21:30
交 地鐵 2 號線蓮塘站 D 出口步行 550 米

主打各式順德美食例如桑拿雞、桑拿魚、扇雞冬瓜盅、火焰醉鵝、卜卜蜆等。不過上菜速度比較慢，想吃的話要耐心等候。

桑拿雞（¥145/ 半隻）

順德菜最講求原汁原味，桑拿雞就是最好例子。將雞拆肉起骨，切成肉片，再跟紅棗等配料簡單醃製一下，然後在客人面前的蒸籠架上把雞肉鋪好，還要放蟲草花在中間，蓋上蓋子，蒸 4 分鐘就可以吃了。

雞肉熟度剛剛好，口感超級嫩滑。不過我覺得這裏的醃料下得有點重手，味道太甜了，有點蓋過雞肉的味道。蘸一下拌了花生油的蒜蓉豉油，才能讓雞味突出一點。另外除雞毛的功夫做得不夠仔細，介意的話請留意。

吃完雞肉，千萬不要忘記拿開蒸籠架，喝蒸鍋下面用雞骨及青紅蘿蔔煮成的湯。加上剛才蒸雞的時候，不少雞油都流到湯裏，變成一個挺好喝的雞湯。

粵湛雞飯店

地　蓮塘路 46 號
時　10:30~00:00
交　地鐵 2 號線蓮塘站 A 出口步行 580 米

網紅餐廳，不過衛生環境有點一般。

菠蘿包手撕雞（￥178）
其實就是在一個巨型菠蘿包裏面塞了一隻用錫紙包着的窯雞。想吃這隻雞也不容易，要先提前一天打電話來預約。

上菜時也挺誇張的，店員會在你面前拆開一個 Tiffany Blue 的禮物盒，裏面就是放着這個菠蘿包手撕雞。然後店員先用刀切開菠蘿包，把麵包放到一隻碟上，再用另一隻碟擺放撕好的雞肉。

菠蘿包的味道跟普通麵包店的差不多。雞肉味道不淡，甚至比前文介紹的順德大排檔桑拿雞還要重一點，幸好雞腿肉的部分口感超級嫩滑，為這隻雞挽回不少分數。

嚴記鮑魚煲

地 蓮塘村八巷 35 號 B
時 09:30~14:00、16:30~22:00
交 地鐵 2 號線仙湖路站 A1 出口步行 600 米

一家深藏在小巷裏的隱世私房菜，主要做包房生意，
但大廳裏亦有 4 張小枱可供客人即場光顧。

鮑魚雞煲（¥298/ 小份）

上菜時超熱騰騰的，醬汁還在滾。總共有 6 大隻鮑魚，
每隻都比匙羹大，而且炆煮得很夠軟，也很入
味。雖然明知不是用貴價鮑魚，但還是挺
好吃。

雞皮很彈牙，雞肉介乎前面介紹的兩
間餐廳之間，口感也夠嫩滑。

不過整個煲的靈魂是那些鮑汁，
超濃稠，且有膠質黏口感，也有
一大股類似瑤柱的鮮味，用來
拌飯非常一流。

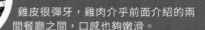

客家醃牛肉（¥78）

調味有點像涼拌魚皮，酸酸辣
辣的，加了麻油、豉油和大量芫
荽。輕微醃製過的牛肉，口感嫩滑
之餘牛肉味依然很重。雖然分量不多，
有點貴，但非常好吃。

煲裏面還有不少鳳爪和排
骨。鳳爪入口即溶，水準不錯，不
過排骨肉質非常柴。另外雞肉分量
較少，價錢也偏貴。兩個人吃 6 隻
鮑魚稍嫌太多，但雞肉吃兩口就沒
了。如果鮑魚分量少一點，價錢便宜一
點，CP 值會高一點。

153

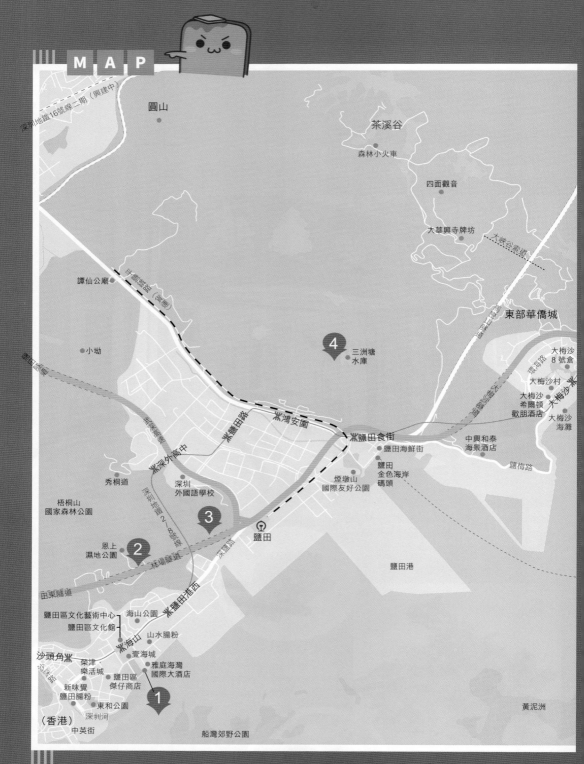

MAP

深圳地鐵16號線二期（興建中）

圓山

茶溪谷

森林小火車

四面觀音

大華興寺牌坊

東部華僑城

譚仙公廟

小坳

4 三洲塘水庫

大梅沙8號倉

大梅沙村

大梅沙希爾頓歡朋酒店

大梅沙海灘

鹽田站

鴻安圍

鹽田食街

鹽田海鮮街

鹽田金色海岸碼頭

中興和泰海景酒店

深外高中

秀桐道

深圳外國語學校

梧桐山國家森林公園

煙墩山國際友好公園

3

2 恩上濕地公園

深圳地鐵2~8號線

林場隧道

鹽田

鹽田港

田東隧道

鹽田港西

鹽田區文化藝術中心

鹽田區文化館

海山公園

山水腸粉

海山

壹海城

沙頭角

榮津·樂活城

新味覺

鹽田腸粉

鹽田區傑仔商店

雅庭海灣國際大酒店

東和公園

1

深圳河

（香港）

中英街

船灣郊野公園

黃泥洲

❶ 燈塔圖書館 ❷ 梧桐亭 ❸ 鹽港夜市 ❹ 雲海公園 ❺ 小梅沙渡假村

馬巒山
郊野公園

大梅沙京基
洲際度假酒店

往大鵬半島

鹽田

鹽田給我的印象用一個字概括就是──靚！無論是毗鄰沙頭角海的海景公園、陽光與海灘的大梅沙，抑或最新景點「空中」的雲海公園，就算你是手殘黨完全不懂得拍照，都可以輕鬆拍出超美的打卡照！

鹽田的生活節奏比較慢，人口密度低，整個社區都充滿着寫意的渡假氛圍。加上這裏毗鄰香港，疫情後蓮塘口岸的開通和地鐵 2 號線的延長，也令前往鹽田的交通便捷很多。鹽田有不少人都是說廣東話，很適合普通話比較普通的人士 XD，成為不少港人前往深圳吃喝玩樂的首選。我每次來到這邊都發現香港人好像比深圳居民還要多呢！

交通

從深圳市內出發

蓮塘口岸站 ------- 地鐵 2 / 8 號線 -------▶ **海山站 / 鹽田路站**

燈塔圖書館因外形像燈塔而得名，我於2024年再到訪，發現除了外形和名字，它真的變成更名副其實的「燈塔」圖書館。

跟「書」「海」來一張打卡照是必不可少的。

燈塔圖書館

最靠近大海的圖書館

時　週三至一 12:00~19:00
休　週二
交　地鐵2或8號線海山站B出口步行700米
遊　建議遊覽時間：0.5小時

拾級而上，2至3樓設了一個與燈塔相關的小型展覽。除了能感受燈塔對於航行的重要作用，亦可以了解一位香港的燈塔守護者如何在36年的守塔生涯中努力生活，更獲得「漁民之父」的殊榮。

書架上新增了很多與燈塔、航海相關的書籍與知識卡片，既符合圖書館的名字，也提供了很有行業專業性的資料，讓讀者對航海知識有更深入了解。

2023年圍封的4樓區域終於開放參觀。不過到訪當天新增的遊客數據互動設施未能正常操作，有點可惜。留意由於是頂層玻璃房，較為悶熱，挑挑角度打個卡就可以了。

在梧桐亭東邊有一條小徑，沿着小徑步行 1.5 公里就到達鹽田高級中學對出的觀景台「空翠台」，亦即是最近在網絡上很紅的鹽港夜市所在地。夜市因地形分為三個平台，主要是小吃攤檔及幾間露營風酒吧。

來到鹽港夜市，吃喝不是重點，商家們很聰明地設置了大量露營座椅面向碼頭，讓大家可以坐擁鹽田港碼頭景色。據說晚上的鹽田港燈火通明，璀璨奪目，好不浪漫。

鹽港夜市

鹽田港夜景最佳觀賞位置

地 青雲路空翠台

時 18:00~05:00

交 由梧桐亭步行 1.5 公里，或乘鹽港夜市接駁線（鹽田路地鐵站 18:00~22:30，¥3/ 人），或打車導航至鹽港夜市

遊 建議遊覽時間：1 小時

雖然網上資料顯示下午 3 點開始營業，不過我當日 5 點半到的時候商家才正在做擺檔準備。而且來得比較早，未能拍到夜幕下的貨櫃碼頭。如果有興趣欣賞夜景的讀者，建議可以吃完晚飯再過來。

手打檸檬茶（¥28）

想入座的話當然要先消費，不過這裏的定價比坊間的高不少。例如這杯手打檸檬茶要 ¥28，而且茶味較淡，就當作是景觀位置的門票吧！

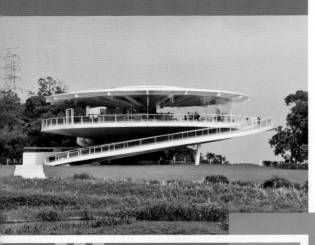

梧桐亭座落在梧桐山風景名勝區內，海拔不高，乘坐「山海專線」由總站前往，全程不到 15 分鐘。與後文介紹需時一小時左右的「雲海公園」相比，不但更易前往，車費也更便宜，更重要的是人流未算太多，感覺寫意。

梧桐亭

2024 年 1 月
OPEN

360 度郊野觀景台

地　恩上濕地公園
時　週二至日 10:00~18:00
休　週一
交　地鐵 2 或 8 號線海山站 B 出口，於雅庭海灣國際大酒店海山路總站，乘「山海專線」巴士至恩上濕地公園，步行 5 分鐘。巴士服務：上行 08:00~16:30，坐滿或半小時一班；下行 08:30~17:30，坐滿或半小時一班，單程 ¥6
遊　建議遊覽時間：2 小時

巴士下車的位置是恩上濕地公園，一眼望去滿目的鬱鬱葱葱。漫步草坪上，一邊享受踏青的快樂，一邊呼吸着清新空氣，仰望參天大榕樹，心情隨之開揚。不少人更自帶帳篷，與大自然愉快地渡過一個美好的下午。

穿過濕地公園的大草坪，就來到了梧桐亭跟前。梧桐亭的外形靈感據說是來自蒲公英，而我怎麼看都覺得像個飛碟 XD。沿斜坡上到室內部分，是一間名為「瀾里」的咖啡店。咖啡店由 360 度落地大玻璃環繞，加上近 4 米的樓高，空間感十足，而且風景視野簡直無敵！一面是望向鹽田市區，遠眺還能看到香港船灣郊野公園；看厭了海景，轉個位置，看看大草坪、森林也是不錯的選擇。在這裏坐一個下午也絕不會悶。

作為鹽田的新景點，店內也有售賣鹽田文創周邊，有約 10 款以財神為主題的文創產品，例如冰箱貼、扇子等，售價 ¥20 起。

青檸薄荷梳打（¥30）

雖然這裏的飲品價格比坊間貴，但出品也算正常。例如我點的青檸薄荷梳打（右），非常足料，口感清爽。以一家開在山上的咖啡店來說，定價其實很合理。

由於梧桐亭海拔不高，因此基本上山下的天氣即是山上的天氣，不會好像雲海廣場那般容易受濃霧影響。大家可以選一個大晴天，避開週末及節假日來一個郊野之行。

山海專線

雲海公園在 2023 年版的《深圳旅遊新情報》有介紹過，這次過來發現它有不少變化。

2023 年 5 月
OPEN

雲海公園

超呃 Like 雲海觀景台

地 三洲田水庫附近
時 08:30~18:00
交 地鐵 2 或 8 號線海山站 B 出口，於雅庭海灣國際大酒店海山路總站，乘雲海專線 A，單程 ¥15
遊 建議遊覽時間：2 小時

主建築是一座三層樓高的服務驛站，頂樓設有全落地大玻璃，在窗邊拍照猶如置身雲海看書。

公園一樓室外新開了一個小吃餐車；室內三層樓都開放了，一樓是小型文創商店，不過款式較少；二樓為輕食餐廳，三樓圖書館旁的咖啡店則變成連鎖咖啡店 M stand。

現時雲海專線共有 A、C 及 D 三段線，以不同地點作總站。當中由燈塔圖書館附近的海山路總站開出的 A 線，不但每天營運，班次也最為頻密，大約十多分鐘就有一班。除了大型普通巴士，也多了小型 11 人座小巴，十分可愛。

室外三樓的玻璃陽台終於開放給遊客了，置身於此有種騰雲駕霧的感覺。不過遊客眾多，想拍張完美的個人照需要耐心排隊等候。另外由於地板是由透明強化玻璃鋪切，雖然離地面只有約 3 層樓高，但嚴重畏高的人士還是不建議出去。

一樓室外的小食餐車。

遠處的貨櫃碼頭，近處的雲海，旁邊的山林，270 度美景盡收眼底。

M stand

M stand 是一家主打各種特調咖啡的連鎖咖啡店，基本上每款出品都有中上水準。由於大家口味各有不同，所以在大眾點評上會發現每家門店最受顧客推薦的產品也有很大分別。

香烤堅果拿鐵（¥38）

雖然山上這間 M stand 的飲品都是用蒸餾水製作，但價錢竟與其他分店一樣。這杯香烤堅果拿鐵在不少分店裏都是比較多人推薦的咖啡，入口很順滑，而且可以選擇低濃度，對我這種喝咖啡容易睡不着的人士非常友好。

鹹芝士拿鐵（¥38）

不過我更愛這款鹹芝士拿鐵，即是加上芝士奶蓋的拿鐵。鹹鹹的芝士味超香濃，與咖啡的焦香味也很合襯。

檸檬奶油魔方（¥48）

M stand 的蛋糕造型也很有創意，例如其中一款招牌檸檬奶油魔方，外形很像扭計骰。檸檬的酸甜味也有效減少忌廉的罪惡感。

茶溪谷森林小火車

地 東部華僑城景區茶溪谷
時 10:00~17:00
費 平日¥30、節假日¥50
交 乘雲海專線至茶溪谷停車場站，步行300米

逛完雲海公園，可以順道乘坐下山巴士，在中途的茶溪谷下車。茶溪谷是東部華僑城其中一部分，雖然主要園區已暫停開放，至今仍未有恢復營運的資料，不過樂園最受歡迎的森林小火車則仍然正常運作。

在茶溪谷停車場站下車後，往雲海公園方向走150米就到達森林小火車入口。列車有3節車廂，我最推薦坐在車尾位置，除了視野較佳，也能在列車轉彎時跟車頭合照。

小火車走一圈全程約50分鐘，中途會在一個站點停靠10分鐘，亦會經過幾條隧道及高架橋。當中景色最優美的路段是在中途站至返回上車站的一段路軌，幾乎整段都是超高架路軌，據說最高處距離地面高達40米。

左方是一個湖泊，湖泊對岸是一排仿歐陸風格的建築，加上周邊全是翠綠的山巒，感覺好像置身童話故事的世界裏。不過由於火車是全開放式設計，乘坐的時候務必注意安全，特別是小朋友記得不可離開座位哦！

小貼士

在茶溪谷附近還有大華興寺可供遊人參拜，除了可在雲海專線的大華興寺停車場站下車再步行前往，亦可在海山路總站乘祈福專線直達。不過由於我沒有去過，所以就不作詳細介紹了。圖為乘坐小火車時遠眺大華興寺的外觀。

8 鐵路線遊號

海山站
壹海城

地 海景二路 1025 號
時 10:00~22:00
交 海山站 A1 出口

書院拾味私房菜

地 海山路壹海城農業銀行背後紅色直梯上 4 樓
時 10:30~14:00、17:00~22:00
交 海山站 B 出口 60 米

這是一家充滿文藝氣息的餐廳。牆上的水墨畫，瓷器花瓶造型燈具，甚至用來墊桌子的也像是用來寫書法的宣紙，讓整家餐廳充滿書卷味。你甚至可以隨手拿起擺放在每張桌面上的書，讓你真正在書海裏用餐。不過由於環境優美，出品不錯，所以價格會稍為高一點。

壹海城是鹽田區最大商場，共有 4 大區域，其中一個為全室內商場 ONE MALL，其餘 3 個為開放式設計商場及步行街。另外商場包圍着整個鹽田中央公園，予人一種親近自然的感覺。

餐廳往裏面走有一個展覽區域，到訪當天正在舉辦書法展覽。在這裏用餐能充分感受到老闆對書法的喜愛，以及讓藝術走進生活的理念。

野生竹菌蓋炒蛋酥（¥79）

以類似竹笙頂的爽脆菇菌，連同濃郁蛋香味的炸蛋絲一起炒。做法簡單，但可以同時品嘗到濃濃的蛋香，又可以感受到菇菌爽脆口感，簡直是雙重滿足。

手撕鹽焗雞（¥158）

鹽焗雞的肉質不算滑嫩，但也不會過於粗糙，而且雞味很濃。更重要的是已經撕成碎片，吃起來「啖啖肉」。

水煮牛肉（¥89）

外表紅彤彤的水煮牛肉實際不算很辣，適合喜歡嘗辣又不太能吃辣的朋友。牛肉雖然分量較少，勝在夠新鮮，味道不錯。

163

鹽田中央公園

地 海景二路與馬廟街交叉口東 180 米

公園內除了有九曲橋、荷花池與大草坪，還有不少特別設計的設施，例如這個八爪魚兒童攀爬架，雖然我已超齡不能進去玩耍，但仍然可以和它合照，真的超可愛！

2024 年 2 月 RELOCATE

山水腸粉

地 海景二路沙頭角保稅區 31 棟 1 樓
時 07:00~02:00

山水腸粉是鹽田區較「網紅」的腸粉店，2024 年過年後搬遷到新位置，門店更寬敞，座位更多。可能因為很多人都不知道它搬遷了，所以也不用像以前那樣要等一個小時才能吃到腸粉。

鰻魚丸（¥10/3 粒）

這裏還有出售一些高品質小吃，例如鰻魚丸，口感超級彈牙，而且品嘗到濃郁的鰻魚油脂香味。

滷雞爪（¥12/3 隻）

2023 年嘗試過它的滷雞腳，也是非常高水準，入口即化。不過 2024 年再次品嘗就發現沒有之前那麼軟爛，甚至需要用些牙力才能咬開。勝在滷汁十分香濃，帶有一股東南亞香草味道，仍然值得一試。

鮮蝦牛肉蛋（¥30）

這家店在網上的評價很兩極化，其中一個原因是它的腸粉對比其他腸粉店來說並不便宜；加上它主打的是薄如紗的腸粉皮，吃完就像吃了陣風，性價比不高。還好用料不馬虎，牛肉雖然切得很碎，但很新鮮，算是挽回了分數。最出色的是最後淋上的蔥油，蔥香味超濃，配搭甜甜的特製豉油，令人欲罷不能！

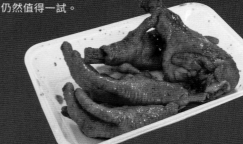

2024 年 3 月 OPEN

新味覺鹽田腸粉

地 東和路人福大廈 46-15 號
交 海山站 A1 出口步行 670 米

而在山水腸粉的舊址隔壁，開了鹽
田另一家名氣比較大的腸粉店「新
味覺鹽田腸粉」分店。

超級牛肉腸（¥20）、超級蛋肉腸（¥10）

與薄如紗的山水腸粉不同，新味
覺的分量大很多。腸粉皮雖
然沒有山水腸粉那麼薄，
吃完會更有飽腹感，
但對比坊間的腸粉店仍
是比較薄。重點是用料
不差，牛肉腸粉裏的牛肉和
山水腸粉的同樣新鮮，而且很大
塊，口感比較好。如果對腸粉皮厚薄
程度沒有過分追求，這間腸粉店是更具性
價比的推薦。

金銀花龜苓膏（¥12/ 盅）

新味覺最特別的地方是每家門店都會兼售一
家名為「和味龜苓膏」的龜苓膏。除了普通
原味，還有金銀花、羅漢果和冰糖菊花四種口
味。另外可以選擇加蜂蜜或者煉乳。

這裏的龜苓膏很足料，直接吃的話味道是
超級苦的！幸好我選了煉奶，奶香味可以
中和藥材的苦澀味，才比較易入口。另外
這麼大的龜苓膏只賣 ¥12，非常划算！

鹽田區杰仔商店

地 東和路 35 號
時 只做早晨至中午時段，售完即止
交 海山站 A1 出口步行 700 米

在新味覺腸粉新門店的斜對面有一間
營業多年的「鹽田區杰仔商店」，只
看名字你可能會以為是一家士多，其
實它是賣豬雜湯粉的餐廳。店內座位
不多，用餐高峰時間很有可能要等
位。另外這裏的環境一般，介意的話
要留意。

豬雜湯粉（¥12-15），加雞肉腸 / 雞蛋（¥2）

湯粉有不同價位可供選擇，圖中所謂的小份，
其實分量一點都不小。另外可以選擇米粉、河
粉或麵條；還可以加雞肉腸或雞蛋。

湯底十分鮮甜，胡椒味很濃，不過可能加了點味
精，喝完會有點口乾。米粉用的是河源米粉，口
感爽口彈牙；河粉也很滑嫩，米香味很重。

豬雜主要是瘦肉、粉腸、豬紅、豬
膶及肉卷，全部都是超級新鮮，
¥12 一碗很划算！

海山公園

地 深鹽路 2100 號
交 地鐵 2 或 8 號線海山站 C 出口
　　步行 600 米

海山公園是鹽田區一個小而精緻、驚喜滿滿的景點。園內最特別的是一座藝術塔,充滿異域風情,又宛如一個魔法世界,非常適合探索與打卡。

藝術塔據說是借鑑了西班牙巴塞隆那聖家堂風格,以石塊拼接,用鮮艷的色彩、奇異的造型帶來視覺震撼。

附近的圍牆鋪滿馬賽克壁畫,就連藝術塔正前方類似蜥蜴的雕塑也是馬賽克風格的,十分有趣。

塔底的小山洞有點像中式園林的巨型假山,可以入內隨意探索。如果我還是小朋友,應該會想在這裏跟其他小朋友一齊玩捉迷藏。

鹽田墟站

鹽田海鮮食街

交 地鐵 8 號線鹽田墟站 B 出口步行 430 米

鹽田海鮮食街顧名思義是鹽田區專門吃海鮮的地方，整條街上有七至八家海鮮酒樓。

當中網上名氣最大，而且我唯一有吃過的是師公會。

師公會海鮮酒家

時 11:00~22:30

對比深圳那些主打養殖海鮮的連鎖海鮮餐廳，這家師公會雜費比較多，二來此店聲稱所有海鮮都是從海裏撈上來的，所以價格會稍為貴一點。不過野生海鮮在味道上始終比養殖的稍為好，大家想吃海鮮的話也是一個可以考慮的地方。

鹽田煙墩山國際友好公園

地 深圳市鹽田區進港三路
交 地鐵 8 號線鹽田墟站 A 出口步行 1.1 公里

煙墩山國際友好公園位於鹽田港避風港旁，面積不算大，海拔也不高，遊玩比較輕鬆。最初見到這個公園的名字，相信不少讀者會跟我一樣發出疑問：為甚麼是國際友好公園呢？

原來這個公園是紀念深圳鹽田區與西班牙拉科魯尼亞市成為友好城市而建，是兩地友誼的象徵。公園中的小燈塔是仿照海格力斯燈塔、按比例縮小建成，也是公園的標誌性建築。

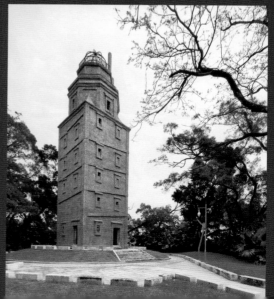

沿着燈塔而下，穿過臨海的木棧道，可以
以超近距離觀察鹽田港貨櫃碼頭的運作，
也是不少人會特意來這個公園的原因。

小貼士

雲海公園旁有一條下山的階梯
路，可通往鹽田墟站C出口，全
程大約40分鐘。當然也有人會
選擇直接走這條路上山，不過階
梯路十分陡斜，走上去很辛苦，
膝蓋不好的人不要勉強自己，所
以我不太建議用這種方式上山。

在靠近山腳出口分岔路口
旁，有一個平鹽鐵路（平湖
南至鹽田港）的平交路口，
運氣好的話還可以看到載滿
貨物的火車經過！因為香港
沒有這種火車軌與行人路交
錯的地方，現場看有種漫畫
感，所以還是挺有趣的。

大梅沙站

大梅沙海濱公園

地 鹽梅路 105 號
費 免費入場
交 地鐵 2 或 8 號線大梅沙站

大梅沙的海岸線全長 2.2 公里，分了東西兩段，其中西段免費入場。由地鐵 A 出口出來便已到達西段沙灘了。

在地鐵站出口附近是一個沙雕藝術展。創作的主題頗為新穎，是以時下流行的卡通或動漫角色為主。

整個展覽最大、像一座山的展品，其背面其實是一個滑沙場，單人滑一次費用為 ¥20。

沙灘上有 7 個不同顏色、雙手幻化成一對翅膀的超巨型人形雕塑，網上有人叫它們做「鳥人」，是整個大梅沙最受歡迎的打卡位。最近我發現它們都重新髹了新漆，顏色鮮明很多，打卡效果更好。

由於大梅沙是深圳很著名的旅遊景點，特別是現在有地鐵直達，吸引不少遊客假日到訪，因此我不太建議大家在內地假期前往大梅沙西段沙灘。而東段沙灘被大梅沙洲際酒店包圍，只有酒店客人才可前往，就算是旅遊旺季，當西段沙灘都擠滿了人，酒店對出的沙灘區依然寧靜。

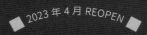
2023 年 4 月 REOPEN

願望塔

時 週一至五 10:00~20:00、週六日 10:00~21:00

2023 年重新開放的願望塔，是一座有十多層樓高的觀景塔，也是大梅沙另一個地標。在上面可以看到整個大梅沙沙灘，景色的確很不錯。不過到訪當日很多玻璃滿佈污漬，導致外面的風景看得不太清楚。平日門票價格不便宜，建議待至特價時前往。

大梅沙村

交 大梅沙站 D 出口步行 540 米

近年被發展為文旅藝術小鎮的大梅沙村，除了有很多可愛的壁畫和雕塑很適合打卡，也有不少很有個性的商戶。

依熹拉姆・唐卡小院・藏茶館（大梅沙店）

地 大梅沙村 49 號
時 週一至五 10:30~20:30、週六日 10:30~21:30

最特別的是這家藏茶館，假如我不說這裏是深圳，相信不少讀者以為我怎麼去了西藏，因為它的外觀充滿藏族風情。

酥油茶（¥58）

另外亦有賣一些西藏特色的茶飲和糕點，不過價錢不算便宜，而且因為即叫即煮，出餐比較慢，那天我等了差不多 20 分鐘。但是整間茶館的氛圍真的很慢活，出餐慢一點反而可以讓你將心境靜下來，欣賞下這裏的環境。

大梅沙 8 號倉奧特萊斯

時 10:00~22:00
交 大梅沙站 C 出口步行 190 米

大梅沙 8 號倉是很適合打卡的全露天開放式商場。商場是建在湖邊和湖中心的島裏面，設計得像歐陸風格小鎮。這裏有不少水道貫通整個商場，因此有很多條不同造型的橋，很適合用來打卡。由於是全露天的關係，夏天來逛這個商場要留神了。

我最喜歡的打卡位是這座坐落在湖邊、教堂造型的全白色建築物 —— 棲息圖書館，其實是跟燈塔圖書館同期興建的迷你圖書館。

本身白色教堂造型已經給人一種恬靜的感覺，加上有多幅巨型落地玻璃幕牆，提高整家圖書館的採光度，特別是當湖水反射的陽光照進來，真的很夢幻！

商場為吸引人特意過來打卡，佈置了很多挺有趣的打卡點。我發現保養都做得很好，絕大部分看起來跟我於 2023 年來的時候差不多，甚至有些還有翻新過呢！

商場裏大部分零售商戶都是服裝品牌的特賣場，當中有內地的，也有外國品牌。我會建議大家重點逛逛內地品牌即可，因為絕大部分外國牌子在香港 Outlet 購買會比這裏便宜。

小貼士

大梅沙地鐵站的設計十分特別，除了整個車站的主色調都是藍色，充滿海洋元素，地板亦隱藏了很多海洋生物。車站中庭位置天花板上的熒幕，更會播放鯨魚剪影動畫，有種置身海底的錯覺。

車站最受歡迎的打卡點是大堂入閘機旁的一道牆，上面有一隻很可愛的鯨魚立體雕塑。

地鐵站 C 及 D 出口一帶已發展成美食街，除了有不少餐廳，也有些街頭小吃攤檔。不過這裏的定價大多偏高，反而前文介紹的大梅沙 8 號倉裏面的連鎖餐廳定價，大多跟市區分店差不多。就看大家是否介意走遠一點了。

173

2024 年五一開幕的小梅沙渡假村原本是我比較期待的項目。但 5 月我去的時候許多工程並未完善。

現時這裏可供遊玩的水上活動項目仍然較少，收費也比其他海灘貴，例如水上飛人的收費為 ¥330。

小梅沙渡假村

2024 年 5 月 OPEN

深圳最新開放海灘

地 鹽葵路 39 號
時 週二至日
休 週一
費 ¥50/ 成人、¥30/ 小童（需通過微信小程序提前一日買票），70 歲以上人士免費
交 地鐵 2 或 8 號線小梅沙站 A 出口
遊 建議遊覽時間：1 小時

小梅沙唯一吸引我的地方是幾個打卡點，例如這個巨型的粉紅色花束與熱氣球。

這裏不但要購票入場，而且除了游泳，進園區後裏面所有設施都要另外收費，包括就餐區的桌椅，沙灘上的躺椅、太陽傘，更衣室的淋浴間，甚至是這個粉色的打卡躺椅都要收費（¥69/ 張）才能使用。

園區的餐飲區由 14 輛餐車攤檔組成，主要售賣小吃飲品，價格不低，例如三個生蠔盛惠 ¥38。

據說小梅沙渡假村之所以需要另外收費，是因為這裏也是供旁邊的深圳美高梅酒店住客尊享的沙灘。為確保沙灘寧靜，這裏才會收取較高費用。在酒店後方還有一個「小梅沙海洋世界」，而根據此書截稿時的最新消息，據說會於 2024 年暑假期間開幕。

附近景點

小梅沙海濱棧道

交 小梅沙站 A 出口步行 1.3 公里

鹽田區內其實有不少海濱棧道，當中我最喜歡的是位處大小梅沙之間的小梅沙海濱棧道。整條棧道大約只有 1 公里，正常步速大約 20 分鐘就可以走完，而算上打卡時間大約要 45 分鐘。

整條棧道都是依着海邊興建，在一些轉角位甚至可以感受到 270 度的無敵大海景，站在這些位置會覺得整個人好像漂浮在海中間呢！

由於整條棧道都是面朝西方，也是很適合看日落的地方。

棧道沿途設有好幾個觀景平台，除了可以看日落，還可以欣賞海浪拍打岸邊的情景。

175

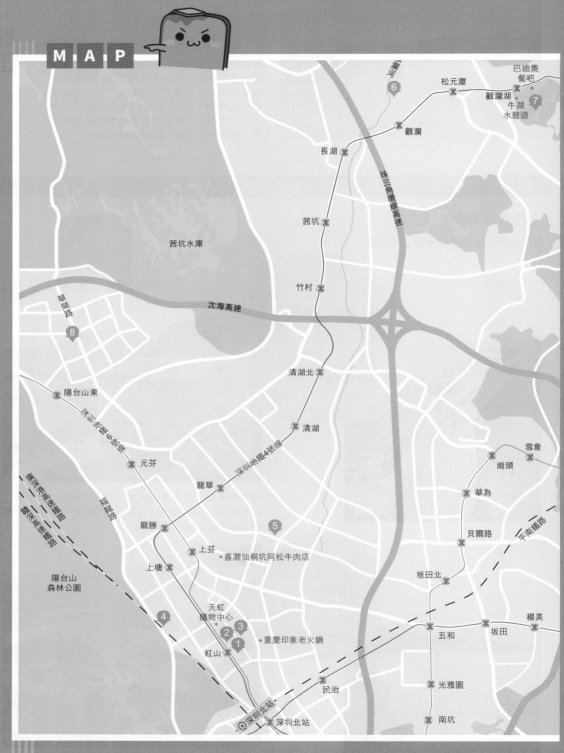

M A P

① 紅山六九七九　② 深圳圖書館北館　③ 深圳美術館新館　④ COSTCO 開市客
⑤ 壹方天地　⑥ 觀瀾古墟　⑦ 觀瀾湖旅遊渡假區　⑧ 後浪新天地

深圳北站

龍華

位處深圳北邊，毗鄰東莞，聽來好像偏遠，其實從香港前往非常方便。深圳是呈長條型的城市，東西寬，南北窄，龍華區就是靠近最窄的位置，所以由最近的關口福田口岸前往，只要約15 分鐘車程；乘搭地鐵也很方便，在福田口岸站乘 4 號線，6個站就到達。高鐵深圳北站亦位於龍華區內，可以直接由西九龍站乘高鐵，19 分鐘直達。近年地鐵 4 號線也延長至龍華區北邊靠近東莞的牛湖站，可說四通八達。

區內也新開了不少很有特色的大型商場及景點，令該區於通關後成為港人北上的其中一個熱門目的地。

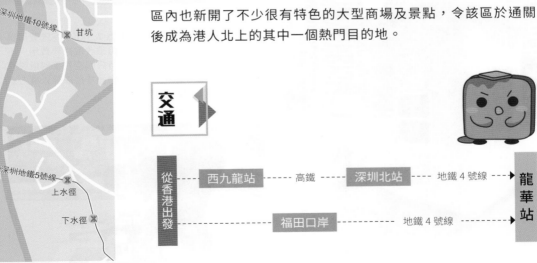

交通

| 從香港出發 | 西九龍站 | ---- 高鐵 ---- | 深圳北站 | 地鐵 4 號線 | 龍華站 |
| | 福田口岸 | | 地鐵 4 號線 | | |

深圳近年銳意發展成為「天空之城」，讓多項以無人機提供的服務可在市內測試營運，其中一樣最易接觸到的是無人機外賣。現時深圳多個區域均有開闢無人機外賣航線，當中龍華區的部分航線，對想體驗一下的港人來說較為方便。

無人機外賣

高科技極速送達的外賣

目前無人機可配送的外賣載重為 2.3kg，配送費用與普通騎手送餐方式沒有區別，毋須收取額外費用。不過請留意，只有指定商戶（現時只限空投櫃附近設有配送站的商場內商戶）及指定食品才能以無人機方式配送，現階段選擇仍然較少。

深圳圖書館北館對出的空投櫃

現時的無人機外賣只能配送至指定的空投櫃，而在龍華區內，深圳北站旁的匯隆中心北塔、地鐵紅山站深圳圖書館北館或龍光玖鑽對出的空投櫃，皆是對港人較為方便的地點。

當無人機外賣送到空投櫃後，會自行停靠在櫃頂，並將外賣盒投入櫃內。客人根據屏幕提示輸入手機號碼後四位即可領取外賣。

商品用大紙盒包裝，取出外賣後記得將紙箱摺疊投入空投櫃旁的回收箱。

要使用無人機外賣服務，須下載美團外賣 App，在搜索欄輸入「美團無人機」後，進入無人機外賣專屬頁面。選擇鄰近的空投櫃後，即可進入下單頁面。

如欲深入了解無人機外賣的運作流程，可到壹方天地A區 3 樓或龍華天虹購物中心東北面的小公園內配送站，觀察無人機外賣的包裝及起飛過程。

以往試過點無人機外賣好幾次，均發現運送過程十分穩定，食品送達時外觀依然「靚仔」。而且由於無人機可直線飛行，亦無懼塞車等路面狀況，因此配送速度比真人運送還要快。不過缺點是：一、暫時只可於指定地點領取外賣，二、可選的菜式仍然很少。期望將來發展得更全面。

與紅山地鐵站無縫連接，在 2020 年中開業的紅山六九七九，由於設計上有兩大缺憾，導致開業頭 3 年都沒甚麼人氣。首先基於環型設計，在這裏逛街的體驗不是太好，我是方向感比較好的人，走過一兩次就能記住路線，但跟朋友討論的時候，他們普遍反映每次在這裏要找某間門店就像在迷宮內繞；其次因為是戶外，冬天太冷夏天太熱，自然人氣也提不上來，特別是 B1 層 3 年來商舖皆十室九空。

紅山 六九七九

龍華夜經濟最旺商圈

地　紅木街紅山地鐵站旁

但在 2023 年年中，據說 B1 層已交由深圳著名酒吧街購物公園的幕後團隊營運，以「10010 派派 Park」的名字來包裝，並引入不少連鎖網紅及中高檔餐廳，及一些知名酒吧品牌，令整個 B1 層起死回生。

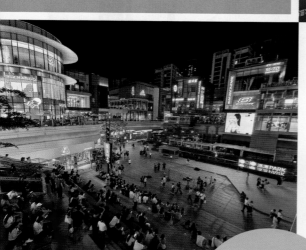

全露天設計雖然曾是商場的缺點，現時則變成了一大賣點，有一股很休閒、讓人可以盡情狂歡的氛圍，也令這裏成為龍華區最矚目的夜經濟商圈，愈來愈夜繽紛。

廣闊的下沉式廣場，旁邊設有階梯式座位，晚上常有人在這裏作街頭演唱，週末及假日會吸引數百人圍觀，十足小型音樂會。

2023 年 12 月 OPEN

俄貨集市

地 20 棟 136
時 週一至四 10:00~22:00; 週五至日 10:00~22:30

顧名思義是賣一些俄羅斯貨品的超市，面積以內地來說並不大，跟香港最大型的零食店差不多。當中大部分是食品，例如餅乾、糖果、巧克力等。由於俄羅斯文化對於我們來說比較陌生，逛這個超市會讓人覺得很新奇有趣，滿足到我們的獵奇心理。

眾所周知俄羅斯人喜歡喝酒，所以最多的貨品就是酒精類飲品。最吸引我的是這款充滿藝術感、用浮雕彩陶瓶子盛載的紅酒，我甚至覺得喝完可以當做花瓶呢！

這瓶伏特加酒只賣 ¥20，比進口的水還便宜！

紅腸是俄羅斯的特色食品，這裏有各種口味，放滿整個雪櫃。

這裏有不少貨品的價格低得驚人，譬如部分朱古力只需要 ¥8。

但是建議購買時最好先格價，因為並非所有商品都是最便宜。另外以我和朋友多次光顧的經驗，這裏的東西不符合口味的機率也比較高。所以建議一次不要買太多，先買小份試試味道比較好。

烤點啥

地 三期 11 棟
時 16:00~02:00

主打東北燒烤的烤點啥，老闆是操濃厚東北口音的人士，基本上我不太聽得懂他說甚麼 XD。另外我前後到訪過兩次，都發現店員服務態度不算親切。

東北大油邊（¥35.8）

烤生蠔略為失色，不算太鮮甜。

幸好這裏的串燒大多十分出色，特別是東北特色串燒大油邊，即牛腹肉連着橫隔膜的部位，也就是蝴蝶腩。這個部位帶一點筋肉，很有嚼勁，愈嚼愈香。外面的橫隔膜經過燒製後變得超級香脆，咬下去有脆脆的聲響。加上肉質鮮嫩多汁，油脂豐盈，咬開那層脆皮之後，會有爆汁效果，然後是很濃烈的牛肉香味，真的非常棒！

巷角鄉餚 · 嶺南菜

地 三期 11 棟 1 樓 150 號
時 11:00-14:00 17:00-21:30

比較低調的粵菜小店，吃過兩次都覺得
味道還算不錯，而且符合港人口味。

一品五指毛桃焗雞（¥75/ 半隻）

加入五指毛桃一起焗的手撕鹽焗雞，肉質結實，
雞皮爽脆。由於雞油全融化了，所以每啖
雞肉都吃到雞皮的油脂香味。加上
五指毛桃那種有點像椰奶的香
味，讓雞的味道更突出。

絲瓜浸手打魚腐（¥58）

其他菜品偏向清淡，水準也不錯，
這裏就不花篇幅介紹了。

現烤豬爽肉（¥68）

■ 2022 年 3 月 OPEN ■

重慶印象老火鍋（民治店）

地 南源新村 25 棟 25-1
時 11:00~02:00
交 地鐵 4 或 6 號線紅山站 D2 出口步行 720 米

重慶印象老火鍋是一位重慶朋友推介給我的，他說這裏的出品絕對比得上在重慶吃到的麻辣火鍋。2022 年這個品牌在六九七九附近開了分店，環境比梅林總店好一點。

覺得湯底太辣受不了的話，可以蘸一下油碟。正宗的油碟只是蒜蓉混合植物油和芝麻油而成，用以中和辣油達至減辣效果。當然也可以按照個人喜好加入葱花、芫荽、醋、蠔油等調味料。

大骨鴛鴦鍋（¥59）

重慶印象的火鍋底料用上大量花椒粒、桂皮、八角、大小茴香等香料，自行炒製而成，如果去梅林店還能看到炒製底料的廚房呢！如果你很能吃辣，建議可以點全是紅湯的傳統九宮格，因為說實話大骨清湯味道比較淡。

九尺鴨腸（¥39）、大刀毛肚（¥33.3）

由於麻辣會減弱舌頭對其他味道的感知，所以麻辣火鍋通常會搭配本身沒甚麼味道，但有特殊口感的火鍋配料。也基於歷史原因，當中大部分都是內臟（重慶人稱為「下水」），例如毛肚、鴨腸、黃喉（豬或牛的大動脈）、小郡肝（雞腎）等爽脆食材。

鮮鴨血（¥9.9）

在內地吃麻辣火鍋能吃到不少香港吃不到的食材，比如鮮鴨血，即鮮紅色的生鴨血。由於只煮過一次，質感特別嫩滑，是在香港絕對吃不到的口感。

響聲丸子（¥25.2）

豬肉做的響聲丸子也是麻辣火鍋的一大特色。雖然口感不像廣東丸子般彈牙，而是像肉餅般軟綿，不過由於肉餡混合了乾貢菜粒，咬起來脆脆的，很特別。

在紅山六九七九北面有兩棟連在一起、外牆有點像鱗片狀的白色建築物。較近地鐵站一棟為深圳圖書館北館，較遠一棟則為深圳美術館新館。

圖書館內部裝修方正平實，不過梯級式設計的大中庭設有多條樓梯，在高層俯瞰有種很開揚的感覺。

2023 年 12 月
OPEN

深圳圖書館北館

深圳最新高科技市級圖書館

地　中梅路潤達圓廳南 3 街 1 號 201 正南方向 80 米
時　週二至日 09:00~21:00
休　週一
交　地鐵 4 或 6 號線紅山站 A1 出口步行 190 米
遊　建議遊覽時間：1 小時

鱗片狀設計的外牆，據說能有效阻擋猛烈陽光直接射入，又能確保圖書館有一定的採光度，為讀者提供舒適閱讀的光線。

據說圖書館內有一個很有科幻感，超巨型自動運作的立體書庫。不過參觀需要預約，而預約系統只限內地身份證人士報名，所以港人暫時未能進內參觀。圖為入口層的自助還書區域，可以看到自動運作的「執書」機械人，以及運送書本的軌道。

這裏有不少頂天立地的書櫃，特別是入口層扶手電梯旁邊的巨型書牆，約有 4 米高。在旁邊經過，有種被書海包圍的感覺。而且它最神奇的地方是連最頂層擺放的都是真書，不像其他地方的巨型書架，頂層通常只放假書做裝飾。

4 樓還設有古籍展，展出不少珍貴古籍，例如清光緒年間發行的六色套印《杜工部集》，是中國刻版印刷史上顏色最多、最為精美的套印本之一。

這裏最有趣的是好像電話亭的靜音倉，是用來設計給突然有需要打電話的人使用。兩邊牆身貼滿了隔音綿，隔音效果非常好，即使我在裏面很放膽地大聲說話，外面的人也幾乎聽不到我在說甚麼，不會騷擾到其他讀者。

展覽亦有簡單講述中國印刷術的發展史，展品不多，細看的話大約半小時可看完。

深圳美術館新館

2023 年 9 月
OPEN

經常舉辦全城矚目藝術展覽的市級美術館

地 騰龍路 30 號 1 棟

時 週二至日 10:00~18:00（17:30 停止入館）

休 週一

費 免費參觀（需於微信公眾號提前預約）

交 地鐵 4 或 6 號線紅山站 A1 出口步行 240 米

遊 建議遊覽時間：2~4 小時

有別於後文介紹的光明文化藝術中心美術館，室內有不少拍照效果很不錯的位置，深圳美術館新館像旁邊的圖書館一樣，設計得比較方正平實。除了也有白色牆身、黑色地板及一幅有 4 至 5 層樓高的超巨型玻璃幕牆，真的沒甚麼地方很適合打卡。另外這裏舉辦展覽皆是期間限定，此書出版時展期大多已結束，也不好跟大家詳細介紹。

不過由於這裏是市級美術館，以往舉辦的大多是全城矚目的展覽。例如 2023 年開館時的日本著名藝術家鹽田千春的「顫動的靈魂」展覽，有多個用線網陣編織而成的超巨型裝置藝術，視覺效果十分震撼。

此書截稿前舉辦的內地知名視覺藝術家陳漫個人作品展,由於展品內容多與藝人有關,吸引不少追星一族排隊打卡。

小貼士

請注意,內地展館通常在週一休息。絕大部分公營展館都不用收費,不過需要提前預約。深圳展館由於鄰近香港,微信公眾號接受持回鄉證人士網上預約,比較方便。

美術館於 2024 年年初開放了 2 樓的「雕塑平台」,展出多件當代雕塑名家作品。例如這件作品是由我在另一本著作《佛山旅遊新情報》中介紹過的吳信坤教授所創作,其實我在其佛山的個人美術館也有見過幾乎一模一樣的作品,所以一眼就看出來了。

附近商場

龍華天虹購物中心

地 人民路 2020 號
交 地鐵 4 或 6 號線紅山站 A1 出口步行 700 米

原名「龍華九方購物中心」,在沒有壹方天地前,這裏是龍華區最有實力的商場。由於以往底子打得比較好,所以就算壹方天地開幕,這裏的客流量未有受太大影響。

現時這裏除了進駐不少人氣較高的連鎖餐廳,亦有一家經常找香港媒體及 KOL 宣傳的自助海鮮火鍋餐廳,令不少港人慕名而來逛逛這個商場。不過由於我一直認為內地自助餐性價比沒有想像中高,加上有不少光顧過這家餐廳的「貧友仔」向我表示體驗不太好,所以我就不花篇幅詳細介紹了。

現時內地最具影響力的會員制超市有兩個，分別為前文介紹過的山姆會員商店及這家 Costco 開市客，而位於龍華的 Costco 門店是該品牌於華南地區的首家門店。正常情況下要有會員卡才能進入，會費每年為 ¥299，附送一張免費的「親友卡」，可透過微信小程序申請入會。

COSTCO 開市客

2024 年 1 月
OPEN

進口貨品為主的會員制超級市場

地　民達路 68 號
時　09:00~21:00
交　地鐵 4 或 6 號線紅山站 B 出口步行
　　1400 米，或 A 出口於橋底下巴士站乘
　　免費接駁巴士

和前海山姆旗艦店一樣，龍華 Costco 都是獨棟建築，而且完全不近地鐵站，也不靠近商場（距離最近的龍華天虹購物中心要走 10 多分鐘）。由於 Costco 附近仍是比較荒蕪，店內並不像前海山姆旗艦店一樣設有其他品牌的餐飲門店，如果逛到累，就只能光顧它的餐吧。

Costco 比較面向內地中產客群，本土品牌產品相對較少。特別是它的自家品牌 Kirkland Signature，都是直接賣原裝進口版本。由於內地進口貨品稅率比較高，所以內地 Costco 的定價也會偏高。其實香港廉價食品店都有售賣 Kirkland Signature 的產品，據說部分商戶的定價比內地 Costco 還要便宜，建議大家買之前最好先行格價。

牛肉卷（¥28.9）

餐吧出售的餐點和山姆大同小異，都是有牛肉卷、Pizza、熱狗餐等等。牛肉卷價錢比山姆貴一半有多，長度差不多但粗一點，牛肉比例多好多，不過其他配菜就比較少。調味以鹹味為主，我覺得沒有山姆的偏甜口味好吃。

亦由於目標客群消費能力高，因此 Costco 會有更多比較貴的貨品，例如名牌衣着、林寶堅尼單車、真人 Mario kart、更多的大型家電，甚至有賣手錶和手袋等奢侈品。

雖然 Costco 正在開始本地化，越來越多著名內地品牌都有跟它合作，譬如有售太二酸菜魚、撈王胡椒豬肚雞等預製菜包；不過就我觀察所見，大約只有 3 成貨品是內地製造，所以我覺得 Costco 的吸引力沒有山姆大。

龍華

191

壹方天地是現時深圳最大的商場，面積約 600 萬呎，共有 A 至 E 五個區。由於各區均有天橋及地下街連接，你可以在各區之間無縫穿梭。我之前試過用正常步速由 A 區走到 E 區，足足花了差不多半個小時才走完！由此可見壹方天地大得有多誇張。

壹方天地

深圳最大商場

地　人民路 4022 號
交　地鐵 4 號線龍華站 A 出口步行 700 米

商場十分大，因此有不少巨型商戶，例如國際標準溜冰場、室內滑浪館、4 層高室內樂園，甚至有兩間 IMAX 戲院呢！

不過最吸引我的是香港仍然未有，又稱為「風洞飛行」的室內跳傘。圓柱型透明玻璃屋頂部設有多台大風扇，玩家進入玻璃屋後，以正確姿勢俯臥，風扇強勁的氣流會把整個人吹起，可在安全情況下感受跳傘的刺激。

北村韓食 • 活烤鰻魚 • 大片烤肉

地 A 區一樓（必勝客旁）　時 11:30~23:00

在內地吃廉價鰻魚，絕對比在日本或韓國吃划算很多，而且更新鮮，因為全世界絕大部分廉價鰻魚均是原產自內地。而自從韓國掀起現烤活鰻熱潮後，深圳也湧現不少主打碳烤鰻魚的餐廳，當中比較受港人歡迎的是 2023 年跟大家介紹過的北村韓食。2024 年年初北村韓食新開了兩家分店，均設在商場內，其中一家是在前文介紹過的中航城君尚。不過我會建議大家來壹方天地店，面積更大，平日甚至不用排隊就可以吃上。

新鮮鰻魚肉質結實彈牙鮮嫩，不像平時吃到的廉價燒鰻魚只有燒汁的味道，肉質也很霉。碳火燒過的外皮及碎骨十分香脆，完全不需要吐骨頭，可以放心大口大口地吃。

日本鰻魚（¥198/ 條）

過去一年北村韓食的菜式在不斷精益求精，讓我這個熟客每次來也充滿驚喜。現在的鰻魚有兩款：較便宜的歐州鰻魚和較貴的日本鰻魚。也會提供四種口味，包括傳統的照燒汁、原味（粗鹽）、Wasabi及韓式辣醬，當然還可以用韓國紫菜包着來吃。

門口的大魚缸養了很多生猛的鰻魚。師傅從魚缸撈出鰻魚，拿進廚房宰殺，然後上菜奉客。上菜時魚頭因為神經反射的關係還在跳動！雖然有些人會覺得恐怖，不過也證明鰻魚是超級新鮮。

這裏的菜式也越來越多元化及高質素，例如有較貴的雪花牛小排（¥158）、醬油蟹（¥158）等。

脆鮮生・脆鯇魚火鍋

地 A2 區 3 樓 027/028 號舖　**時** 11:00~21:30

前面跟大家介紹過主打脆肉鯇火鍋的正能量，如果你對服務及環境有較高要求，連鎖式的脆肉鯇火鍋店應該比較適合，例如近年冒起、現時在深圳有三家門店的品牌 —— 脆鮮生。

魚腩飛天翅（¥49）

這裏的魚是新鮮現殺，鮮味十足。上菜時的擺盤也十分精緻，更有碎冰墊底以作保鮮。這個魚腩飛天翅，感覺似 6 隻準備振翅高飛的飛鳥。

五指毛桃清補鍋（¥56/ 鍋）

這裏除了清水，也有其他口味鍋底，例如最招牌的五指毛桃清補鍋。不過鍋底是上菜時才加入較貴的巴馬鉑泉礦泉水來熬煮，所以一開始味道比較淡，要多煮一會，五指毛桃那股有點像椰奶的味道才慢慢滲出來。

珍稀魚泡魚腸（¥59）

比較少見的部位，不過跟普通鯇魚的魚泡魚腸比較，我覺得口感上沒有太大區別。

粵佰家雞煲

地 B區3樓
時 週日至四 10:00~22:00、週五六 10:00~00:00

近年深圳湧現不少主打重慶雞煲的連鎖品牌，其實大部分的質素不算頂流，勝在價格很便宜。

招牌雞煲雙人（¥137）
粵佰家雞煲在美團上有一個雙人餐，包含雞煲、時蔬拼盤、2碗米飯及2罐飲品，只要¥137！

雞味不重，但口感還算嫩滑。靈魂在於秘製醬汁，鹹香味頗濃。

吃完雞之後可以加水打邊爐，店員還會再加些醬汁，讓湯底味道依然濃郁。

195

牛小灶牛雜煲（連鎖店）

地 B區3樓022號舖
時 11:00~22:00

說實話我覺得牛小灶的牛腩牛雜煲沒有到非吃不可的地步，而且有時候即使是同一家分店的出品，也有參差不齊的情況。不過價格真的很便宜，而且肉量足夠多，如果你是「食肉獸」，而且對肉的質素追求並不高，來這裏吃肉應該會很滿足！

牛腩牛雜煲原味（中 ¥128）

牛雜主要是牛肚、牛肺及牛腸，加上牛腩及牛筋，底下還有蘿蔔、蒜苗、芹菜及香菇。

當然還有我的最愛麵筋！完全吸滿湯底的味道，一口放進嘴裏全是五香滷汁跟牛腩的味道，非常滿足！

牛雜洗得很乾淨，完全沒有異味，不過口感不夠彈牙，當然這個價格不能強求太多。

牛筋就真的很看分店的出品，我這次的軟硬度適中，口感不錯。

如果覺得湯底味道不夠香濃，可以去自助調料台拿點醬料。不過由於這裏是加湯而不是加水，所以湯底會愈煮愈濃。當然店員會先問你會不會覺得湯底太鹹，太鹹的話就會改為加水。

華豐伊麵（¥6）

吃完牛腩牛雜後，還可以用滷汁來打邊爐。這裏提供的火鍋配料大部分是蔬菜類，而且都是吸汁能力比較好的。我最推薦這個華豐伊麵，據說是以前廣州最容易買到的即食麵品牌。雖然沒有出前一丁那麼香和滑溜，但以前帶我吃牛小灶的廣州人跟我說，這是他們心目中的「老廣味道」之一。

巡味順德菜

地 C 區 3 樓 026 號
時 11:00~14:30、17:00~21:00

巡味雖然是定價稍為偏高的順德菜餐廳，人均消費約 ¥125，不過我吃過好幾次，覺得它的出品以深圳的商場餐廳來說已經很不錯，甚至接近順德當地某些餐廳的水平。

三味瘦身魚（¥138）

雖然我在順德好像沒見過有餐廳做這種三色蒸魚片，但我發現深圳有不少順德菜餐廳均以這道菜作為招牌菜，巡味也不例外。常見三種味道是原味、黃剁椒及豉汁，不過巡味的豉汁感覺是混合了 XO 醬，帶點香辣。

底下的陳村粉不但吸滿蒸魚流出來的魚湯和調料的味道，口感也很爽滑彈牙，跟我在順德陳村吃過的陳村粉有八九成相似。

魚肉很鮮甜嫩滑，剁椒也只是微辣，更符合廣東人口味，也不會搶過魚肉鮮味。

順德雙皮奶（¥16）

雙皮奶以深圳餐廳來說已經很不錯，不太甜，奶味夠重，只是蛋味略淡。¥16 聽起來不貴，但分量比較少，不夠滿足。

薑葱爆牛展（¥78）

這道爆牛展就有點失色。雖然充滿鑊氣，但牛肉味道略淡。

茶月山・潮汕工夫茶飲

地 D 區 B1-046 號舖
時 10:00~22:30

來自廣州的茶月山是潮汕茶飲店,主力售賣各種以潮汕特色單叢茶製作的茶飲。壹方天地店是其於深圳的第一家分店。

工夫抹茶鮮奶（¥25）

雖說這個品牌主推各款單叢茶茶飲,不過這裏最受歡迎的產品卻是這杯不含單叢茶的工夫抹茶鮮奶。抹茶超級香濃,帶苦澀味但我覺得可以接受。上面有一球抹茶雪糕,在大熱天下雪糕即使融化了,也不會沖淡下面抹茶的味道。雖然名字帶「工夫」二字,但我找不到它跟潮汕的工夫茶有何關係。

清心丸單叢奶茶（¥20）

清心丸以潮汕一種植物「城鵝」的根部磨粉來製作,有清熱消暑的作用。正常口感應是爽口彈牙,但茶月山的清心丸口感像普通的透明珍珠,只有彈牙,但不算爽口。

部分茶飲會附送一個杯子造型的萬字夾,集齊一定數量可以免費換領一杯茶飲。

番薯香・工夫奶茶（¥20）

單叢茶有不同的香型,由於鴨屎香名字比較搞笑,所以知名度較高。茶月山有售賣另外以兩種香型——松烟香與番薯香——製作的奶茶。我覺得番薯香回甘味比鴨屎香更重,帶類似花香的香氣,但苦澀味也更明顯。這個系列均以帶點茶盅元素的黑色杯子盛載,不但很有創意也很好看。

Orbit one 奧彼文星球食研所

地 D 區 2 樓 023
時 週一至五 11:00~14:00、17:00~22:00、週六日 11:00~22:00

這是一家運用無人送餐系統送餐的餐廳，據創辦人介紹整套系統是由他自行發明。顧客點餐後，菜式會分兩段運輸方法送到客人面前。

廚房出餐口連通到一個巨大的玻璃房。以「小飛碟」盛載的餐點來到出餐口後，首先會被店員放到一個「大飛碟」上（其實是個無人機），然後飛碟會飛到玻璃房對面幾個「停機坪」的其中一個，等待店員把「小飛碟」卸下來。

停機坪其實是連着玻璃房外會經過所有餐桌的「路網」，「小飛碟」從「大飛碟」卸下來後，就會自動沿「路網」送到客人面前。

這個系統看似有點像元氣壽司的高速線，但原理完全不同，是運用磁浮技術。不過其實很多步驟仍要用人力輔助，而且出來的成果也跟高速線一模一樣。不過創辦人也透露這個系統只是試驗性質，現已研發效率更高的新版本系統，並計劃以該系統於深圳開設新分店，各位就請拭目以待。

星雲塔口壽司之仙女座（¥29）

黑松露芝士松茸披薩（10 吋 ¥59）

菜式的味道我覺得中規中矩。

喜潮汕桐坑阿松牛肉店

地 龍峰二路 141 號
時 24 小時營業

不少人北上都喜歡吃潮汕牛肉火鍋,不但性價比高,在香港也很難吃到如此新鮮的牛肉。由於我家鄉位於潮汕,所以也練成對吃牛肉火鍋比較挑剔的嘴巴。深圳眾多潮汕牛肉火鍋之中,我最喜歡喜潮汕,雖然近年已變成連鎖品牌,出品難免受影響,但我還是覺得比大部分連鎖店優勝。而且它的總店離壹方天地 C 區並不遠,所以就跟大家介紹一下。

雖然現在的潮汕牛肉火鍋餐廳都會提供很多醬料,但是傳統上一碟沙茶醬已經足夠(能吃辣就再加碟辣醬)。在潮州話裏面「茶」讀「嗲」,所以沙茶醬就是沙嗲醬,主要是魚露、蝦乾和花生的香味。

蘿蔔粟米牛骨湯鍋底（¥30）

潮汕最傳統的湯底就是牛骨清湯,不但不會蓋過牛肉味道,牛骨的鮮味甚至可以提升到牛肉的香味。

五花腬（¥45）、匙柄（¥45）、吊龍（¥38）、特級雪花（¥48）

最新鮮的牛肉即使煮過也是呈粉紅色的，而不同部位口感和味道也略有不同。例如潮汕人比較喜歡吃的五花腬，瘦肉為主，口感彈牙；匙柄則是嫩中帶彈；我最愛的吊龍肥肉比較較多，嫩滑無比，入口即溶；名副其實的特級雪花油脂香味最重，甚至及得上 A3 日本和牛呢！

鮮生牛丸（¥38）

這裏還有新鮮打好的生牛丸，牛味會比熟牛丸重一點。

牛胸油（¥38）

不要錯過最邪惡的牛胸油！是牛胸前一塊富含脂肪的軟組織，可以煮久一點，等裏面的油脂完全融化再吃。口感爽脆，帶一點點彈牙，讓你想不斷咀嚼它，多咬幾次後，一股濃郁的油香味會突然爆發出來！

濕炒牛河（¥25）

另外還可以試試潮汕特色的濕炒牛河，可以把它當成用芥蘭炒的沙茶味菜遠牛河。

觀瀾古墟位於觀瀾河畔，又名觀瀾老街，至今已有 260 多年歷史，是目前深圳地區唯一一個完整保留的墟市街區，亦曾是觀瀾地區經濟最發達的地區，有「小香港」之稱。古墟於 2019 年開始進行修葺工程，並於 2023 年 4 月全面對外開放。

建於 1938 年的瀾閣（公益酒家），是 4 層高的紅色歐州式建築。它曾是當地有名的酒家、旅館，現在是整個古墟最引人注目的建築，外牆有雕花裝飾可供觀賞。

2023 年 4 月
RENOVATE

觀瀾古墟

超便宜漢服打卡地

地　觀瀾沿河路與布新路交叉口東南
交　地鐵 4 號線觀瀾站 B 出口步行 1

ok

2024 年到訪就發現雖然該建築仍未開放供人參觀，但大門已長期打開，讓遊人可以窺探內部的裝修。

其中一棟碉樓現時被活化為一位內地山水畫家的個人美術館。館內展品數量不多，很快就可以看完，不過可以順道看看碉樓內的每層結構。

觀瀾屬於客家地區，古時居民為抵抗入侵，修建了多座碉樓來保護人身和財物安全。雖然碉樓外觀比較平實，不像廣東其他地區的會有較多裝飾，但這裏的密集程度卻高很多。

這裏也有一兩家比較有趣的商舖，雖然未足以成為特意前去古墟的理由，但若來到的話也可以慢慢細逛。

雖然觀瀾古墟已重新開放一年有多，但始終缺乏配套設施及特色商戶進駐，所以現時人流仍然不多。整個古墟名氣最大的是一家國潮咖啡店，本來都想體驗一下，不過搜集資料時發現該店在未得一位網紅同意下取用了他所拍的照片放在店外作宣傳之用，而到訪當天發現該宣傳品尚未撤下，在未看清真相的情況下，我就沒有光顧了。

因為這裏地方夠大，人流較少，加上建築外觀十分古樸，反而成為穿漢服打卡勝地。這裏的漢服租用價格也低得驚人，最大型的一家也只需¥98，還包含化妝造型呢！

深圳哪裏最適合懶人渡假？觀瀾湖渡假區可能是最合適選擇。今時今日的觀瀾湖不只是打高爾夫球的地方，而是設施超齊全的大型渡假區，有3間酒店、大型商場、主題樂園、室內馬術場、戶外卡丁車場，甚至有深圳唯一一個室內真雪滑雪場呢！

現時由香港前往觀瀾湖十分方便，由福田口岸過關，抑或乘坐高鐵至深圳北站後，轉乘地鐵4號線至觀瀾湖站，即到達渡假區範圍。渡假區內亦有提供免費穿梭巴士服務來往各間酒店及景點。

觀瀾湖
旅遊渡假區

不用 plan 行程即可玩幾日的度假區

地　高爾夫大道 1 號
交　地鐵 4 號線觀瀾湖地鐵站 B 出口

購買套餐並於當日在酒店前台辦理入住後，酒店會發放這張二維碼卡片以作套餐內的餐飲及遊玩項目核銷之用，請好好保存。

双人悦享套餐

有效期至2024-06-14

當然觀瀾湖最吸引的是那些在官網出售、不同日數及主題的渡假套餐，不但 CP 值高，而且套餐內容非常豐富！除了酒店，亦包含餐飲項目及渡假區內各種玩樂設施門票，即使來之前完全沒有做任何功課，也可以輕鬆渡過假期。

使用須知：
1. 憑本券可享受指定套餐相應的項目或服務。
2. 使用時請出示本頁票券上的二維碼。
3. 掃描背面的二維碼可了解「套餐使用指南」。
4. 此券僅限在當次入酒店的日期內使用，過期作廢。
5. 本票券不可兌換現金或找贖。
6. 請妥善保管好本券及套餐二維碼，遺失不可補發。
7. 观澜湖保留最终议权。
8. 如有任何疑问请致电酒店前台咨询：
　 东莞（86 769）8728 8888

渡假區酒店

整個渡假區包含 3 家不同特色的酒店，任君選擇。

深圳觀瀾湖渡假酒店

地 高爾夫大道 1 號

位處高爾夫球場內的深圳觀瀾湖渡假酒店，大部分客房坐擁高爾夫球場景觀。最大特色是建築外觀充滿東南亞風情，讓你身處深圳也有到了外國渡假的感覺。

深圳硬石酒店 Hard RocK hotel

地 高爾夫大道 9 號
交 地鐵 4 號線觀瀾湖站 D 出口

鄰近觀瀾湖地鐵站，屬 3 間酒店中最新酒店，雖然基礎房型面積沒其餘兩間大，但最大特色是設有超大的圓形浴缸。除了適合情侶浸浴，也很適合小朋友嬉水之用。

要注意，觀瀾湖官網上的渡假套餐通常不能選擇硬石酒店作為入住的酒店。如欲入住該酒店，須自行到酒店官方網站預訂。

東莞觀瀾湖渡假酒店

地 東莞市塘廈鎮大屏障林場高爾夫大道 1 號駿豪商務中心商務樓 20 號
交 深圳觀瀾湖穿梭巴士站可乘搭接駁巴士前往

細心的讀者可能會覺得奇怪，為何這裏會介紹一家東莞的酒店呢？其實觀瀾湖渡假區位處深圳與東莞交界，所以渡假區有一家酒店是位處東莞界內。東莞酒店雖然路程稍遠，但基礎房型面積卻是 3 家之中最大的，而且由於位處大屏嶂國家森林公園內，戶外體驗亦較多元化。

花果園

東莞酒店於 2024 年年初設了一個佔地約 1.4 萬平方米的花果園，栽種着嘉寶果、芭樂、釋迦果、蓮霧、青棗、火龍果、黃皮、楊桃、芒果、香蕉等水果。待水果成熟後，遊客可以付費體驗摘水果的樂趣。

到訪當天已可以摘黃皮來吃，另外香蕉也快要成熟了！

觀瀾湖新城 MH MALL

地 高爾夫大道 8 號
交 地鐵 4 號線觀瀾湖站 C2 出口

話說我第一次來到觀瀾湖新城，覺得這裏只是很普通的居民區商場，餐飲品牌大多是名不經傳，甚至有些山寨味道。不過自從地鐵通車，觀瀾湖站 C2 出口有地下通道直通商場的 B2 層，加上這是觀瀾地區最大型商場，所以商場也有不少翻天覆地的變化，最明顯是多了不少名氣較大的連鎖餐廳，當中不少更是很受港人歡迎的品牌，例如海底撈、太二、綠茶、點都德等等。

為了方便家庭遊客，商場增設不少兒童遊樂設施。例如中庭有一個 3 層樓高的超巨型兒童攀爬架及波波池，是我見過深圳商場之中最大型的攀爬架。而且玩樂主題每隔幾個月就會更換一次，小朋友在這裏放電最合適不過。

騎樂馬術是2024年年初剛通關時，我在電視新聞節目跟大家介紹過的室內馬術場。觀瀾湖店是這個品牌的旗艦店，不但場地更大，馬匹的數量也更多。

場地總面積達23,000呎，可供馬匹活動的空間有10,000呎。由於活動空間大，在這裏騎馬感覺自由自在。所以在深圳各分店中，我最愛這家！

新手可以參加馬術體驗課，除了有教練講解小馬習性，還可以餵飼小馬，當然還包括時長20分鐘的騎馬體驗，教練甚至會視乎你的學習進渡，讓你試試馬上奔馳的感覺！

騎樂馬術除了是可供大家體驗騎馬的地方，也是正規的騎術學校。這裏採用澳洲課程及考級體系，可以協助學員考取具國際認受性的馬術證書。因此自2023年通關後，有不少香港家長帶小朋友來報讀長期的馬術課程，除了培育小朋友的才能，亦希望考取證書後對他們未來升學有所幫助。

這裏的馬匹都是個性比較溫馴的中等身型或較矮的小馬，就算是完全零經驗，也能容易駕馭，完全不用怕會從馬背上掉下來。有很多小朋友，小小年紀就能自己威風凜凜地騎馬了呢！當然教練會全程為初學者牽馬，對小馬發號施令，確保安全。

粵集・手工粵菜（連鎖店）

地 4 層
時 週一至五 11:00~14:00、17:00~ 21:00、週六日 11:00~14:30、17:00~21:00

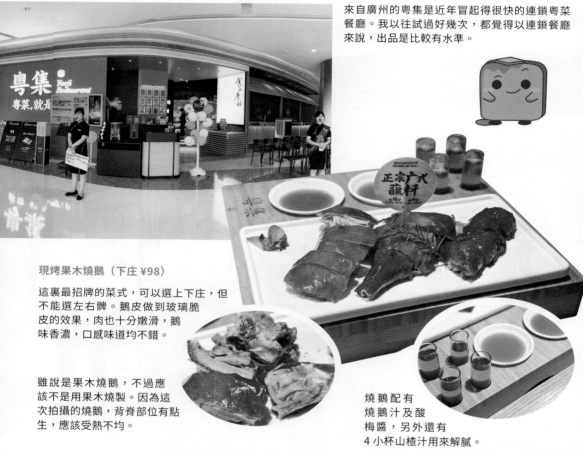

來自廣州的粵集是近年冒起得很快的連鎖粵菜餐廳。我以往試過好幾次，都覺得以連鎖餐廳來說，出品是比較有水準。

現烤果木燒鵝（下庄 ¥98）

這裏最招牌的菜式，可以選上下庄，但不能選左右髀。鵝皮做到玻璃脆皮的效果，肉也十分嫩滑，鵝味香濃，口感味道均不錯。

雖說是果木燒鵝，不過應該不是用果木燒製。因為這次拍攝的燒鵝，背脊部位有點生，應該受熱不均。

燒鵝配有燒鵝汁及酸梅醬，另外還有4 小杯山楂汁用來解膩。

獨創搖搖雞 2.0（¥58）

我第一次吃粵集時，它的招牌菜並不是燒鵝，而是這款類似順德菜「撈雞」的搖搖雞。上菜時用透明膠袋裝着與多種配料混合好的手撕雞肉，再倒到客人面前的碟上。

雞肉挺嫩，雞味也夠重，酸蕎頭、檸檬草等配料，配搭酸酸甜甜的醬汁也很開胃，我甚至覺得比燒鵝出色一點。

蛙來噠（連鎖店）

地 B1 層

時 11:00~00:00

深圳有不少專門吃牛蛙的連鎖餐廳，當中蛙來噠及蛙小俠是人氣較高、分店數目較多的品牌。兩者出品分別不算明顯，這裏介紹在大商場較常見的蛙來噠。

牛蛙看似放大版的田雞，但口感有明顯分別，肉質更為嫩滑，我甚至覺得有點像魚肉。

乾鍋很像烤魚，上菜時鍋底還有一個小火爐加熱保溫。下單時還可以選幾款配菜加進去，吸收濃稠醬汁的味道。

紫蘇味牛蛙

牛蛙若處理得不好可能會有腥味，所以通常會以比較重口味的方法來烹調，例如先油炸，再連同各種調味料炒製，煮成各款口味的乾鍋，當中以香辣的紫蘇口味最為常見。

2024 年 5 月 OPEN

新城湯泉一號

在硬石酒店旁邊，開了一間 3 層高的水療會所，最便宜只需 ¥129 即可在此享用水療、乾濕蒸、無限量水果飲料及休息廳免費留宿。另外亦有其他按摩及推拿項目。

觀瀾湖生態運動公社

地 高爾夫大道 1 號
交 地鐵 4 號線觀瀾湖站 A 出口步行 300 米

觀瀾湖生態運動公社簡單來說就是一個主題樂園。園內除了設有大型兒童遊樂設施、十多款機動遊戲、體育類遊戲如射箭等之外，亦包括很受港人歡迎的戶外卡丁車場、室內滑雪場等項目。

小貼士

部分收費項目的門票已包含樂園的入場門票，另外觀瀾湖官網上的套餐通常亦包含樂園入場門票，毋須另行購買。

🏴 2022 年 1 月 OPEN 🏴

漂卡 E 族卡丁車

時 09:00~18:00

深圳首個戶外飄移卡丁車場，最高時速達到 60 公里，以燃燒汽油推動，引擎聲響特別強勁，是其他電動高卡車無法做到的狂飆快感！戶外場地賽道變化也較大，當中有不少急彎甚至是髮夾彎，讓玩家可一嘗飄移滋味。

根據車場介紹，由於高卡車的重心比較低，就算高速駕駛也不會翻車，更為安全。旁邊還有專供兒童體驗的場地，讓小朋友能在安全情況下享受飛車快感。

深圳卡魯冰雪世界

2023 年 4 月 OPEN

時 10:00~22:00

疫情前有不少港人會山長水遠跑到廣州花都的室內滑雪場滑雪。不過現在大家不用去那麼遠了，因為深圳觀瀾湖也開了室內滑雪場，就是在高卡車場旁的卡魯冰雪世界。

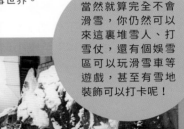

當然就算完全不會滑雪，你仍然可以來這裏堆雪人、打雪仗，還有個娛雪區可以玩滑雪車等遊戲，甚至有雪地裝飾可以打卡呢！

雖然這個滑雪場沒有花都的那麼大，滑雪道也只有一條——長約 80 米，寬 20 米，出發平台高 10 米，不過由於過來這裏的交通遠比去花都方便，平日也能吸引不少滑雪新手甚至老手來練習。

如果你是初學者，上滑雪道之前可以先到旁邊的小斜坡熱身區先行熱身；零基礎人士在這裏更可以熟習下滑雪的姿勢和感覺。

2024 年到訪我發現娛雪區新增了不少項目，例如冰上單車、挖雪機、冰滑梯等，體驗更為多元化。

如果真的覺得太冷受不了，雪場內有一家帶暖氣的餐廳，可以點杯熱飲或者吃點東西暖暖身。

211

觀瀾湖手藝工場

地 觀瀾湖商業中心 1 期 7 棟
時 週一至 10:00~12:00、14:00~17:30，週六日
    10:00~12:00、14:00~19:00
交 地鐵 4 號線觀瀾湖站 B 出口步行 230 米

如果你是文青，來到觀瀾湖手藝工場，你一定會樂而忘返。因為這裏是我在深圳見過文創手工體驗課程最齊全的地方，有木藝、皮藝、玻璃、陶藝、布藝、紙藝及金工等 15 個體驗工作坊，每個工作坊設有不同難度、由 1 小時至幾小時不等的課程，適合不同程度人士。

2024 年 5 月 OPEN

MH Gallery

手藝工場地面層早前被改建成小型展覽廳，會舉辦一些免費入場的期間限定藝術展覽。

打響頭炮的是深圳一年一度的文化界盛事 —— 中國（深圳）國際文化產業博覽交易會（深圳文博會）—— 的分會場展覽活動，展出中外藝術家的陶瓷作品，讓大家可以欣賞不同國籍的藝術家如何以嶄新方法詮釋中國傳統的陶瓷藝術。不過由於屬期間限定展覽，這裏就不作詳細介紹。

2024 年 3 月 OPEN

牛湖水碧道

時 07:00~18:00

交 地鐵 4 號線觀瀾湖站 E 出口步行 20 米為綠道入口

深圳首條環湖生態微型馬拉松賽道兼水碧道，入口設於硬石酒店大門旁，沿途會經過觀瀾湖生態運動公社後方。碧道全長 9.9km，適合作 10 公里跑練習之用。另外碧道沿途依山傍水，蜿蜒曲折，除了可供散步，湖光山色亦非常適合打卡。

巴迪奧餐吧 Patio café

地 觀瀾湖鄉村俱樂部 1 樓

時 週一至五 08:30~22:00、週六日 08:30~23:00

深圳西餐文化較弱，所以我通常不太推薦大家北上吃西餐。不過或許由於觀瀾湖是港資企業的關係，其自行營運的這家巴迪奧餐吧出品水平一直以來都很不錯。我每次在這裏用餐都會看見有外國人光顧，可見出品相對比較正宗。另外這裏晚上會有外國歌手駐場表演呢！

後浪新天地雖然離最近的地鐵站陽台山東站要步行 10 多分鐘，但由於是附近最大型商場，所以一直以來人氣都非常旺。

這裏以往有 4 處大屏幕會播放電影，吸引遊人駐足觀看。不過 2024 年來過兩次發現只剩下其中一個仍在播放，其餘已變成播放廣告了。

後浪
新天地

科幻感全露天商場

地　同富裕工業園

交　地鐵 6 號線陽台山東站 A 出口步行 1.5 公里

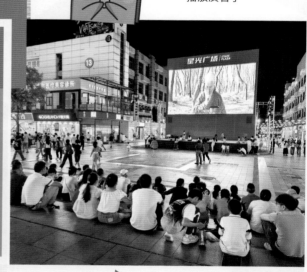

這裏最特別是有很多設計得像摩天輪的「垂直循環式智能立體停車庫」。車主想泊車時，系統會自動將空閒的停車位轉到地面上。未來感十足的造型，加上所有停車庫都一排排、整齊地排列好，令這裏看上去很像科幻電影的場景。

2024 年 5 月 OPEN

納瓦新疆音樂餐廳（大浪店）

地 同富裕工業園 27 號第一層
時 週一至五 11:00~14:00、17:00~02:00，週六日 11:00~02:00

2023 年跟大家介紹過的納瓦，是深圳近年崛起得很快的新疆菜餐廳，最大特色是所有分店均設有大舞台，每日中午及夜晚指定時間會有新疆風情的歌舞表演。

而坐樓下有一個優勢，就是有時演出人員會走到台下的小舞台上表演，跟大家來個更近距離的接觸。

大浪新天地店總共有 3 層高，是我暫時見過最大的納瓦分店。室內部分佔 2 層，每層的面積也是十分大，所以該分店的舞台也顯得比其他分店大得多。你也可以選擇坐在樓上，從較高的角度欣賞表演。

只用鹽水煮的手抓肉（¥138）

納瓦的人均消費雖然沒有前文介紹的十五年亞克西餐廳便宜，不過環境好很多，食材質素也算不錯。羊肉很新鮮，幾乎沒有任何羶味；你甚至可以試試清水煮的手抓羊肉，不用蘸任何醬料，單純吃羊肉本身的香味，也很好吃！

羊肉串（¥10）

紅柳羊肉串（¥18）

兩款不同價格的羊肉串。雖然用紅柳枝穿的貴很多，但碳烤香氣超濃烈，好吃很多！

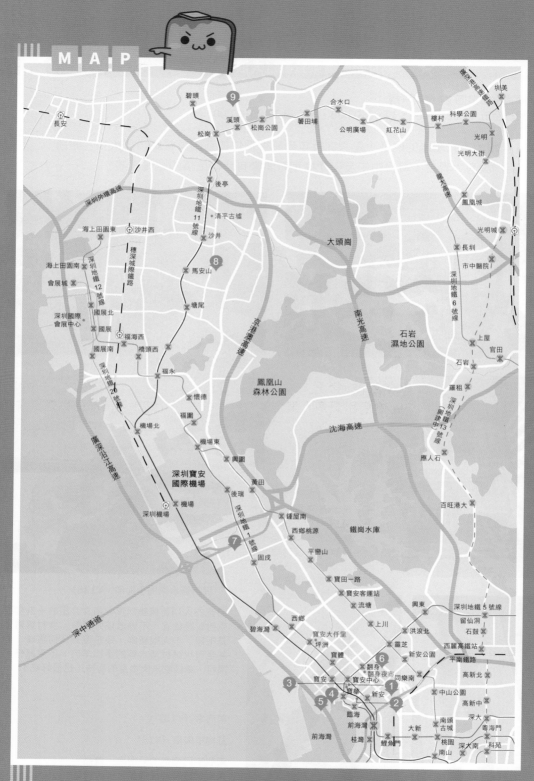

MAP

① 前海壹方城 ② 梧桐村 BLLB 圖書咖啡 ③ 前海 Hop 天地 ④ 歡樂港灣 ⑤ 山海連城前海灣段
⑥ 海雅繽紛城 ⑦ 泰華梧桐島 ⑧ 彩虹星球親子樂園 ⑨ 滿京華・滿紛天地

寶安

位於深圳最西邊，絕對是現時深圳發展潛力最大的地區！其中
一個原因是自從前海擴充後，區內不少地方被納入前海範圍，
加上深圳機場、新的國際會展中心等重要設施也落戶於此，相
信會吸引更多大型企業進駐；其二是 2022 年落成的歡樂港灣
已成為深圳最矚目地標，很多臨近城市的遊客特意前來遊玩；
再者 2024 年通車的深中通道，深圳出口正正位於寶安區深圳
機場附近。即使你是習慣經「港車北上」往內地自駕遊的人士，
現在去寶安區玩也變得方便很多。

交通

| 從深圳市內出發 | ----- | 深圳灣口岸 | ----- | M507 號巴士 | ➔ | 寶安行政中心站 |

| 待深圳地鐵13 號線通車後 | ----- | 深圳灣口岸深大站 | ----- | 地鐵 1 號線 | ➔ | 寶安中心站 |

曾是深圳最大的商場，雖然在面積上早已被同集團的壹方天地所超越，但由於仍是深圳西部最大的商場，及位處寶安區最核心區域，因此客流量仍然十分驚人。

現時的前海壹方城已成為很受年青人歡迎的商場，例如在 B2 層地鐵站出口旁有個名為「食咩街」的小吃區域，是很適合掃街的地方。

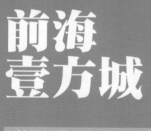

前海壹方城

前深圳最大商場

地　新湖路 99 號
交　地鐵 1 或 5 號線寶安中心站 F 出口

B2 層也雲集了市面上幾乎所有的潮流精品品牌門店，例如 TOP TOY、酷樂潮玩、九木雜物社等。

TOP TOY 近年主推 Kuromi 系列。由內地品牌製作的周邊產品，會有很多香港沒有的款式，價格也相對便宜。

酷樂潮玩則主推最近在內地很流行的「卡皮巴拉」。

九木雜物社是 Lu Lu 豬主題店，店內長期擺放幾隻巨型 Lu Lu 豬，喜歡的話千萬不要錯過。

這裏也有全深圳唯一一家 Insta360 的實體門店，喜歡它的 360 相機系列的話可以來這裏試玩一下。

不少網紅品牌亦選擇這裏開設其在深圳的首家門店，例如港人熟悉的 Kumo Kumo，以及下文介紹的部分品牌。

喜茶 · 茶坊

地 負二層 011
時 10:00~22:00

近年由於廉價的國潮鮮奶茶當道，主打鮮果茶的喜茶或多或少受到影響。因此喜茶在 2024 年 4 月於壹方天地開設了副品牌喜茶 · 茶坊在深圳的第一間門店。

蘭亭序 · 茶布（蘭蜜香）¥18

最多人推薦的是喜茶聲稱是首創的茶布奇諾系列，成品呈現出三個分層。最底下是鮮牛奶，中間是濃茶，最頂是奶泡。奶泡的口感十分綿密，甚至有點像奶蓋的口感。

金鳳茶酥（¥1.9）

這裏也有售賣一些預先包裝、適合用來配茶的茶酥。金鳳茶酥茶香味濃，味道清甜，口感酥脆，還有不少碧根果碎豐富口感及香氣，令人一試便愛上！唯一缺點是太小了，一口就可以吃完，不夠過癮。

這杯蘭亭序 · 茶布是以烏龍茶搭配水仙作茶底，無論是茶香、花香或奶味均很突出，又很和諧。最後亦有強烈的回甘，整體而言很不錯。

蔡瀾點心 Pro

地 北區 2 層 035、036 號商舖
時 10:00~22:00

紫蘇沙薑蒸排骨
（¥36）

百里香爆汁乳鴿（¥69）

雖然名字叫「港式點心」，但它的出品其實一點也不港式，甚至絕大部分是創意點心。例如蒸排骨會加入紫蘇及沙薑，紅燒乳鴿更加入西式香料百里香來醃製，對於吃慣傳統點心的人來說會覺得味道有點奇怪，但對於貪新鮮的人來說則是充滿驚喜。

與探魚同一集團，以蔡老先生名字命名的點心店「蔡瀾港式點心」，過去兩年我吃過三四次，都覺得它的出品用料對得起價格。這家「蔡瀾點心 PRO」是升級版，環境更優雅，也有一些分店限定的菜品，當然整體價格也會稍貴。

現時不少連鎖茶樓均以點心是「現場製作、即叫即蒸」為賣點。「蔡瀾點心」也會在門店當眼處設置全透明廚房，讓顧客看到師傅即場製作點心。不過說實話我懷疑是不是全部點心都是現場製作呢 XD，因為成本和難度都太高了。

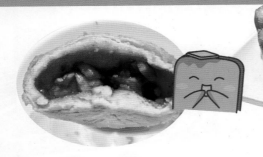

酥皮山楂叉燒包（¥26）

最招牌的酥皮叉燒包是名副其實的空氣包，不過表面的酥皮十分酥脆，叉燒分量也很多，山楂味道也跟叉燒醬汁很合襯。

鮮蝦紅米腸（¥33）

內地茶樓多以鮮蝦紅米腸作為招牌點心之一，其實是類似香港的春風得意腸腸粉，以加入紅米製作的粉皮包裹蝦肉捲條而成。

221

花鹽街 · 民間川菜

地 L4 層
時 11:00~21:00

來自北京的花鹽街雖然是一家正餐餐廳，不過其最招牌的菜式卻是我很喜歡的四川風味街頭小食 —— 鐵板包漿豆腐。

脆肉爆漿麻婆豆腐（¥58）

這裏將包漿豆腐玩得出神入化，有三至四款口味可供選擇，最推薦的是脆肉爆漿麻婆豆腐。在麻婆口味的肉碎上打了一隻生雞蛋，周邊圍着一圈包漿豆腐；吃之前可以先把蛋黃弄破，與肉碎混合後再與豆腐一起吃。

甜皮鴨（¥38）

其實傳統川菜裏有不少菜式都不辣的，來自樂山的甜皮鴨是其中一個例子。滷鴨炸過後再淋上以冰糖製成的糖漿，外脆內嫩，甜甜鹹鹹的，也帶有濃烈的滷汁香味，是我很喜歡的一道川菜。

據說包漿豆腐是在製作石膏豆腐時加入了浸泡梳打水的步驟，令其煎烤後表皮變得香脆，內裏更有爆汁效果。加上濃烈的麻婆肉碎香氣，無論味道或口感皆令人欲罷不能！不過這道菜辣度頗高，不能吃辣的人建議選擇不辣口味比較好。

非遺魚籽竹昇麵（¥9）

吃完豆腐之後，可以加一份竹昇麵伴着剩下的肉醬一起吃。不過此竹昇麵與廣東竹昇麵大有不同，口感完全不爽脆，反而十分嫩滑，像煮得軟身的公仔麵口感。

胖明螺螄粉 2.0

地 2 樓戶外 088 號
時 11:00~00:00

相信不少人聽過，甚至吃過來自廣西、「臭名遠播」的螺螄粉。深圳有不少專賣螺螄粉的餐廳，當中名氣最大的是胖明螺螄粉。它本是福田石廈城中村內的小店，由於生意不錯，愈做愈大，2023年年底更在前海壹方城開設第一間商場內的分店。

招牌螺螄粉（¥26）

螺螄粉本身是完全不臭的，其臭味是源自其中一種配料 —— 發酵過的酸筍。胖明為了讓大眾更能接受螺螄粉這種美食，據說有將酸筍處理過，令臭味減少，我甚至覺得幾乎完全不臭。

之所以那麼多人喜愛吃螺螄粉，除了因為其濃烈「臭味」，更重要是湯底用螺螄熬煮而成，鮮味超濃！雖然湯底有不少螺螄肉，不過我覺得湯底味道相較深圳大部分螺螄粉小店還是淡了一點，甚至沒有即食螺螄粉那麼鮮甜。

生炒螺螄粉（¥32）

胖明也有做炒的螺螄粉，鮮味較重，也很有鑊氣，好吃一點。

帶皮鴨掌（¥5）

這裏的兩款招牌小吃卻很不錯。炸過的鴨掌放進螺螄湯內炆煮，口感彈牙之餘也有入口即化的感覺，而且鮮味明顯比螺螄粉湯底濃很多。

溏心炸蛋（¥5）

同樣是放進比較鮮甜的螺螄湯內煮，糖心效果很不錯，雞蛋也比較高質素，蛋味香濃，我甚至覺得有點驚艷的感覺！

木薯糖水（¥13）

冰渣豆花（¥9）

這裏還有兩款消暑解辣的糖水，不過水準相對一般。

223

翻身夜市

地 順豐路與翻身路交叉口西 20 米
交 地鐵 5 號線翻身站 B 出口步行 390 米

近年由於全球經濟放緩,不少人收入大減,渴望盡快可以「鹹魚翻生」,所以深圳一個名字有點搞笑的地鐵站名「翻身站」,突然成為打卡熱點。前文介紹南頭古城時,亦有向大家提及一些與「翻身站」有關的文創精品,適合祈求好運的人帶回家作手信。

翻身站距離前海壹方城只隔一個地鐵站,可以順到過來打卡。另外在地鐵站 B 出口附近的一段翻身路,及橫街怡康街,共有過百檔街頭小吃,是深圳其中一個比較大型的夜市。

不過這裏人多車多路又窄,經常出現擠塞情況,所以在這裏掃街的體驗比較一般。

寶安大仟里

地 新湖路與海城路交匯處
交 地鐵 1 號線坪洲站 A 出口步行 430 米

距離前海壹方城兩個地鐵站的寶安大仟里是位於居民區的商場,對象以家庭客為主。為迎合親子家庭,商場吉祥物特意設計成一隻熊貓,在商場正門旁邊更有隻巨型熊貓雕塑呢!

這裏還有一家經常不用排隊的「大鴿飯」,不想等位的話可以來這邊吃。

與前海壹方城只有一街之隔的泰華梧桐村，從外觀上看來只是三幢種滿垂直綠化的白色大樓，但其實內裏別有洞天。穿過其中一幢大廈，來到三幢中間的庭院位置，有一個面積小的湖泊。湖泊周邊種植了大量綠色植物，讓人即使身處鬧市，仍有種置身大自然的感覺。

梧桐村 BLLB 圖書咖啡

2022 年 5 月 OPEN

隱藏於石屎森林內的真·自然風咖啡店

地 海旺社區 N11 區聖尚路 5 號泰華梧桐聚落花園 8 棟 102 室

時 08:30~20:30

交 地鐵 5 號線寶華路站 B2 出口步行 850 米

遊 建議遊覽時間：1 小時

沿着湖邊進駐了數家咖啡茶飲店，當中名氣最大的是 BLLB 圖書咖啡。顧名思義這是一家擺放了不少圖書，讓人一邊喝咖啡一邊看書的咖啡店。不過由於這裏不是正規圖書館，書本的擺放比較隨意，較難找到想看的圖書。

就算是室內座位，也比不少咖啡店優勝。一來樓底極高，空間感很好；二來大部分座位皆是有背靠的梳化椅，坐得舒服。到訪當天也發現有不少人在這裏小睡一會呢！

這裏的環境很不錯！特別是戶外座位，可以看着湖景來嘆咖啡，十分寫意！不過夏天蚊蟲較多，建議做足防蚊措施。另外附近現時有數個地盤，製造出的嘈音也有點破壞幽靜的環境。

225

前海 Hop 天地

針對年青客群商場、宵夜酒吧街

地 興華一路 19 號
交 地鐵 5 號線寶華站 B2 出口步行 450 米

同樣與前海壹方城一街之隔的前海 Hop 天地，雖然出租率不算高，但因為兩個原因，現時成為很受年青人歡迎的商場。

其一是寶華地鐵站的露天廣場，現已發展為寶安中心區最受歡迎的酒吧宵夜街，已有十多間宵夜餐廳及酒吧進駐。

2023 年 9 月 OPEN

HOP-DX 潮玩運動街區

地 B1-22 號
時 10:00~00:00

其二是商場 B1 層開了一家近年在內地很流行的運動主題室內遊樂場，以一個門票的價格即可在裏面暢玩一段時間，甚至是一整天！

雖然場內有售賣餐飲，但如果想到外面用膳，就可以憑這個手帶再次入場。

雖然這裏沒有以前介紹過的 Party day 那麼大，也缺少卡丁車、歷奇遊戲等大型遊戲，不過交通方便很多，不但毗鄰地鐵站，離深圳灣口岸的車程也只需約 20 分鐘。

這裏也能「塞」下一個不小的碰碰車場。

甚至有一個頗大的滾軸溜冰場，不過要另外收費。

這裏還有射箭、射擊、桌球、飛鏢等，還有像障礙挑戰賽的「迷你高爾夫」。

更設有八條軌道的保齡球場呢！以門票價格進來玩一整天保齡球，真的很划算，所以也成為其中一項受歡迎的項目。

場內也有不少電腦、PS、Xbox、Switch，以及街機可供遊玩。部分遊戲室更設計成太空艙模樣，私隱度高，適合情侶來享受二人世界。

甚至連 VR 也有。

這裏的酒吧區相當大，跟深圳本土的精釀啤酒品牌 TAGSIU 合作，提供 22 款精釀啤酒（當然要另外付費啦）。

深圳近年最最最受歡迎的景點，相信非歡樂港灣莫屬！這是一個超大景區，結合了商場、海濱公園及主題樂園，每逢週末及假日也吸引不少鄰近城市的遊客特意開車過來，使得每個角落都人山人海！不過小弟覺得平日在香港已經常常出入擁擠的地方，來到深圳就想盡量避開人潮，因此我通常會選擇平日過來 XD～

歡樂港灣

商場 + 海濱公園 + 主題樂園

地 寶安區寶華路與海天路交叉口西南 430 米
時 週一至四 09:00~23:30、週五至日 09:00~00:00
交 地鐵 5 號線臨海站 B2 出口步行 280 米

位於歡樂港灣中部，由著名建築師嚴迅奇設計的深圳濱海藝術中心，外牆連同旁邊的噴水池，每晚至少有一場燈光音樂噴泉匯演。匯演不但費用全免，時長也有 15 分鐘，視覺效果更是高水準！不過時間及場次時有變動，建議先提前詢問現場工作人員確實時間。

灣區之光摩天輪

歡樂港灣景區中最矚目的地標，當屬位於最東面、由 London Eye 設計團隊設計的巨型摩天輪「灣區之光」。它不但比香港的摩天輪高大很多，足足有 128 米高，車廂更是 360 度無死角透明車廂，亦是全球第四座使用大車廂設計的摩天輪，每個車廂可容納 25 人。由於車廂夠大，可以在裏面自由活動，欣賞不同角度的景色。

不過價格也比香港的貴很多，最便宜也要¥150，加上附近仍然是新發展區，沒甚麼特別的建築物，我看過其他人拍的照片，景色比較一般。所以我暫時只推薦大家在附近對着摩天輪打卡就可以了 XD～

摩天輪到晚上會有幻彩的燈光效果，很有科幻未來感。

故里和山 · 成都火鍋

地 東岸 L2-032 號舖
時 11:30~14:00、17:00~22:00

2023 年版的《深圳》介紹過這裏的商場部分分為東岸及西岸，其中靠近摩天輪的東岸，有不少餐廳都是面向摩天輪，可以邊吃飯邊欣賞摩天輪景色，這次我就選了這家比較網紅的麻辣火鍋店。

這裏的出品沒有前文介紹的「重慶印象」那麼好，但以網紅餐廳來說還算不錯，至少大部分食材是新鮮的，麻辣火鍋湯底味道也不會太淡。重點是價錢合理，人均消費只是比坊間的麻辣火鍋稍微貴一點。

當然最重要的還是那個摩天輪景觀。這裏設有大量面向摩天輪的戶外座位，更可以點摩天輪造型的六格拼盤，讓你可以對着大小摩天輪打卡！不過提醒大家，餐廳外圍當作圍欄的植物生長得頗高，部分座位打卡效果一般，建議早點過來挑選較好的座位。

未來酸野

地 東岸 L2-008A 號舖
時 10:00~22:30

酸野據說是廣西地區的特色街頭小吃，是經過醃製的水果，有點像我前文介紹過潮汕地區的甘草水果。

莓煩惱（¥18/ 中杯）

士多啤梨果味香濃，感覺上是用上比較好的品種。

店家會提供一包辣椒粉，可以蘸一點來吃，不過我覺得有點奇怪 XD。

另外也有售賣新鮮的氣泡類果汁，不過當天沒有喝到，所以就不介紹了。

超級芒（¥13/ 中杯）

雖然我沒有到過廣西吃過正宗的酸野，不過未來酸野的出品的確很符合我口味！特別是以青芒條製作的超級芒，酸甜度剛剛好，很開胃。

2022 年 6 月 OPEN

Something for（連鎖店）

地 歡樂港灣 18 號濱海歡樂園西 L1-026

西岸商場跟海濱公園無縫結合，感覺更為休閒。例如這家 Something For，所有座位皆是躺椅，而且面向大草地，可以在這個融入大自然的環境下小睡一會。

Something For 是我近年最愛的深圳咖啡店之一。每杯飲品杯身上均有由店員畫的公仔，而且每杯的圖案也截然不同，超級可愛。

現萃凍鴛鴦（¥32）

以不含咖啡因的南非博士茶、咖啡及少量黑糖製成。入口順滑，層次分明，先是花香味，然後是奶味，之後焦香味慢慢滲出來，再來一股甘甜味，最後各種味道在嘴裏激蕩，卻很協調，非常好喝！

這裏也可以選擇低因豆，讓我這些喝咖啡很容易睡不着的人，也可以放心在下午喝咖啡。使用了低因豆的咖啡，亦會在杯身上用貼紙標明。

芝芝火腿牛油果（¥28）

這裏的牛角包也是很受歡迎的產品。雖然只是每日製作，而非新鮮出爐，但牛角包有用焗爐翻熱過，非常酥脆。

231

深圳近年主力發展名為「山海連城」計劃，內容主要是興建一系列公園及休閒活動用地，將市內山野及海濱貫通起來，讓居住在各區的市民可以便捷地親近大自然。而近年最矚目的一段海濱綠道工程是位於廣深沿江高速高架路段底下的山海連城前海灣段。

山海連城 前海灣段

2024 年 4 月
OPEN

高速公路底下綠道

地 西鄉深中側接線固戍航空路與順昌路交匯處

該段綠道起點位於歡樂港灣西邊童樂園後方，終點位於深圳機場附近的金灣大道，全長約 7 公里，目的是連通歡樂港灣及西灣紅樹林公園。綠道上設有緩跑及單車徑，不過 5 月到訪時全段並非完全貫通，中途有 3 個仍在進行工程的斷裂位置。

由於整段綠道皆位於幾乎完全筆直的高架橋下，站在中間向前望會看到一望無盡的橋墩，很有科幻感，網上甚至有人說很像電影《潛行凶間》的場景。

部分橋墩上有標註巨型的長度數字，方便緩跑人士計算距離。

綠道沿途亦有一些造型特別的小型遊樂設施，供小朋友遊玩。

海雅繽紛城

低調但具實力的寶安商場

地 建安一路 99 號
交 地鐵 12 號線新安公園站 C1 出口步行 680 米

海雅繽紛城曾是寶安區唯一的大型商場及百貨公司。由於根基打得好，所以即使不鄰近地鐵站，附近亦開了面積非常大的前海壹方城，其營業額仍然在深圳商場中排名前十名。

金鴨季 · 北京烤鴨（海雅店）

地 L5 層 L533 號
時 11:30~14:00、17:00~21:00

在深圳吃片皮鴨（北京烤鴨）不但價錢比香港便宜，也較為正宗。一是因為深圳餐廳通常會選用羶味較少的北方鴨；二來正宗片皮鴨是用果木來燒製，但基於香港法例，香港餐廳很難申請到相關牌照，只能用電爐燒製，風味略為遜色。不過基於成本問題，深圳也並非所有餐廳都是用果木燒製烤鴨的，金鴨季是少數能吃到真·果木烤鴨的一家。

現時金鴨季在深圳共有兩間門店，分別在深業上城及海雅繽紛城。由於海雅繽紛城對港人來說交通稍為不夠方便，加上門店面積夠大，所以這邊的排隊情況沒有深業上城店那麼誇張。在門店外，可以透過玻璃廚房看到師傅如何用果木燒製烤鴨。

233

半隻烤鴨 ¥158，餅皮配料
¥5/ 位（可無限添加）。

即使只點半隻，金鴨季也會在顧客面前切烤鴨。切法
是皮肉分離，喜歡單獨吃鴨皮的話會更滿足。

鴨皮很有厚度，口感十分酥脆鬆化，完全沒有渣滓
感；皮下的脂肪也完全融化，吃起來滿嘴油香，甚至
有點爆汁的效果，亦帶有淡淡的碳烤香味。你更可以
蘸點白糖來吃，會有種爆炸糖的口感。

將鴨肉蘸一點甜麵醬，在餅上塗抹一下，再夾點京葱
絲和青瓜條包起來吃。鴨肉非常嫩滑多汁，而且完全
沒有鴨羶味，只有鴨肉本身的香味。

配料碟上還有山楂粒，但並不是用來包在荷葉餅裏，
而是吃完烤鴨後作解膩用。

Paris baguette 巴黎貝甜

地 一樓室外 L149 號舖
時 07:00~22:00

來自韓國的麵包品牌巴黎貝甜 2023 年進軍深圳，海雅繽紛城店是華南地區首家旗艦店。

我未到訪過韓國的巴黎貝甜門店，所以不太清楚韓國的招牌產品是甚麼。不過很明顯內地分店的招牌產品是貝果，海雅繽紛城店更把透明廚房命名為 Bagel lab 呢！

海鹽黃油貝果（¥13）

這裏的貝果很出色，口感煙韌又帶點鬆軟，底面也烘得十分酥脆，是比較符合亞洲人口味的口感。海鹽黃油貝果牛油味超級香濃，與海鹽混合一起，有種吃芝士的感覺，令人一試便愛上！

甜甜圈（¥10）

甜甜圈外觀也十分獨特，是六角形的。口感很鬆軟，只是略為油膩了點。

奈雪茶院

地 一樓戶外
時 10:00~22:00

香港人很熟悉的茶飲店品牌喜茶及奈雪，除了面對廉價國風奶茶店的競爭，也受到貴價的新中式茶飲店夾擊。奈雪於 2023 年推出副品牌奈雪茶院，來還擊這些新中式茶飲店。

有別於普通奈雪分店以白色做主調，光鮮中透着一股廉價感；奈雪茶院則以墨綠及深啡色做主調，感覺上較為沉厚穩重，也帶點傳統中國風。

部分分店設有可供租用的獨立包房，適合商務人士作會議之用（圖片攝於天安雲谷店）。

這裏有售賣精美的茶具套裝，以及堂食茶飲對應茶種的純茶包，喜歡的話可以買回家自行沖泡。

九窨茉莉奶茶（¥19）

這裏主打的多是奶茶及純茶產品，雖然門店環境感覺很高端，但其實產品的價格很低廉。例如這杯招牌奶茶只是 ¥19，不過味道比較一般，茶香及奶味皆較淡。

堂食會用上精緻的有蓋陶瓷杯來盛載，亦會配一件小茶點。不過茶點不是現造的，口感味道比較普通。

茶院 1 號．景邁紅茶（熱 ¥18）

純茶較為出色，例如最招牌的茶院 1 號，帶有花果香味。

2022 年 12 月 OPEN

海昌·樂漫冰雪王國

地 L4-30 號
時 10:00~21:30
費 雙人票 ¥266/90 分鐘

室內真雪遊樂場,面積遠沒有前文介紹的觀瀾湖室內滑雪場那麼大,也不可以在裏面滑雪,不過娛雪項目會刺激一點。

這裏最主打的項目冰滑梯,有一長一短兩種刺激度可供選擇。長的一條約有 5 米高,蜿蜒曲折,滑下來大約要半分鐘,超級好玩!

也有小火車及旋轉木馬,很適合小朋友遊玩。

這裏也有不少小型機動遊戲,最搞笑的是這個坐在橡皮圈上的遊戲,機器會拉一下停一下,偶爾離心力會把你拋到快要撞上冰牆時,又迅速將你拉回來。

這裏還會經常有雪花從天花板飄下來,加上充滿北歐及俄羅斯風情的佈景,感覺有點浪漫。

這裏雖然比觀瀾湖滑雪場還要早開業,但保養明顯較好,保暖衣服大多乾淨簇新。

這裏的遊玩項目比觀瀾湖少,加上有限時,也沒有暖房可供休息,所以玩樂的時間沒有觀瀾湖的長。

泰華梧桐島與前文介紹過的泰華梧桐村屬同一發展商所興建，所以兩個項目有不少共通之處。

這裏也是拍攝飛機的好地方，即使用手機也可以拍得很清楚。不過飛機的噪音稍為破壞了這裏寧靜的環境。

泰華梧桐島

深中通道旁湖畔休閒餐飲街區

例如項目正中央也有個湖泊，湖泊的生態環境十分好，種滿綠色植物，也飼養了不少小動物；建築物亦是種滿攀藤植物，加上鄰近機場，建築物比較矮，更像置身郊野之中。

這裏正正位於深中通道深圳出口附近，港車北上人士來這裏 Hea 一 Hea 十分方便。

BAFA café

地 泰華梧桐島 17B 號 101
時 週二至日 11:00~18:00
交 地鐵 1 號線固戍站 D 出口步行 1.5 公里

這裏既然叫做梧桐島，湖泊上有兩個小島嶼，分別各設一家茶飲及咖啡店。當中比較受歡迎的是這家 BAFA CAFÉ。

烤吐司鹹芝士（¥24）

烤吐司也是受歡迎的產品，不過麵包鬆軟度一般，而且只有淡淡的鹹味，口感不夠豐富。

鴛鴦茶拿鐵（¥42）

下單的時候，店員花了不少時間介紹各款咖啡產品，務求可以幫我挑選最合口味的，感覺挺用心。不過這杯鴛鴦茶拿鐵只是用上普通玻璃杯盛載，有點可惜。

跟梧桐村的 BLLB 一樣，這裏也有不少湖畔的戶外座位，可以一邊嘆咖啡一邊欣賞湖景。（題外話，梧桐島也有 BLLB 分店，不過環境相對普通）

2023 年 6 月

豬拉虎（連鎖店）

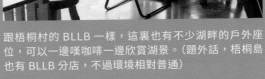

地 14A 棟冬至一樓　**時** 08:00~20:00

豬拉虎是主打韓式烤吐司的小吃店。在市區的門店大多只是小攤檔，而泰華梧桐島分店是我見過最大的，更設有不少室內及戶外座位。

吐司表面微微焦脆，裏面極度鬆軟，口感近乎完美！不過雞扒略為偏鹹了一點。

239

彩虹星球親子樂園

2023 年 12 月
OPEN

無動力親子樂園

地　南環路 101 號
時　週一至五 09:30~21:30、週六日 09:00~22:00
費　無動力樂園 + 水上樂園雙人票 ¥49.9、水上樂園 ¥9.9
交　call 車
遊　建議遊覽時間：2~3 小時

在深圳機場北面的沙井於 2023 年年底開了一個兒童戶外遊樂園，佔地約 15 萬呎，有 30 多個兒童設施（即內地所講的「無動力」設備），是小朋友放電的好去處。

而據說 2024 年夏季會新增水上玩樂項目，不過我 4 月去的時候還沒有，所以未有拍到。

樂園的項目設置大多需要家長陪伴小朋友一起玩耍，其中某些項目更需要家長協助才能完成。比如「坑爹小火車」（意即爸爸中伏小火車），家長需用腳產生動力，令小朋友乘坐的小過山車能順利爬上小坡；雖然小朋友玩得不亦樂乎，家長們卻踩得很辛苦，怪不得說是「坑爹」呢 XD。

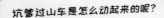

坑爹过山车是怎么动起来的呢？

坑爹过山车又叫人力过山车，采用人力驱动，工作原理是通过脚蹬带动链条传动把座舱送到高处，升高座舱获得重力势能，为座舱沿轨道滑动提供动能，然后利用惯性完成一周的轨道运行。

樂園採用寓教於樂的方式，將每個項目的背後原理以文字說明並附在旁邊的解說牌上。

由於樂園開幕不久，園內設備大多很新淨，而且場地乾淨，也設有帳篷休息區供家長等候。

在樂園中間這個三層高的迷宮星球，是由各種巨網陣組成的探索類項目。在最頂層能俯瞰整個樂園。

其他比如小豬快跑、倉鼠滾筒、雙桿鞦韆等，也是在其他樂園較少見且有趣搞笑的設備，家長和小朋友在這裏玩上一天都不是問題。

園內最受歡迎的項目是這個長達 60 米的彩虹超長滑道，應該是我見過最長及最高的。雖然滑道比較長，但中間段設有兩處平緩的緩衝區，不用擔心太陡有危險。

樂園比較適合較低齡兒童，但因為較為偏遠，家長們要仔細規劃日程。根據最新資料，附近的萬豐海岸城購物中心會於七月開幕，有興趣到訪的讀者可聯同附近的清平古墟一同遊玩。

附近景點

清平古墟

地　新顏路與中心路交匯處
交　地鐵 11 號線沙井站 D 出口步行 1.4 公里

深圳四大古墟之一的清平古墟（另外三個分別為觀瀾古墟、東門老街及沙頭角老街），近年在進行大型翻新工程。據說未來這裏會興建一個商場，不過當日到訪發現商場的工地仍然是爛地，相信應該要再過多一段日子才能完工。

其餘已翻新的部分，已吸引一些文青風商戶進駐。加上古墟內有數棟歷史建築物，更有始建於清康熙年間、深圳唯一保存完好的三孔石拱橋，很適合打卡。

滿京華・滿紛天地位於深圳最最最北邊的松崗，幾乎貼近東莞長安鎮的交界處，由深圳灣口岸坐的士過來，不塞車也要約 40 分鐘。不過由於它真的很巨型，總共有 11 層高，是深圳數一數二高的商場，加上每層面積也很大，自然吸引不少獨特的巨型玩樂設施進駐。

7 樓中庭有一個橫跨 4 層的超巨型室內攀石牆，是我暫時在深圳見過最高的！

滿京華・滿紛天地

2022 年 9 月
OPEN

寶安北邊巨型商場

地　藝展三路 8 號
交　地鐵 6 號線松崗站 G 出口，轉乘 B900
　　號巴士至滿紛天地站

6 樓還有「飄移碰碰車」，轉彎能力比普通碰碰車高很多，真的能做到飄移效果。

商場 1 至 5 樓為 Outlet 部分，不過價格比香港的 Outlet 貴一點，要否山長水遠過來買就留待大家考慮了。

旁邊還有一個巨型波波池呢！

風之谷探險館

地 藝展四路 6 號藝術小鎮 3 號樓
時 10:00~22:00

商場對面的風之谷探險館於 2023 年年中開幕，其中兩層為太空主題的室內兒童樂園。

寶安

地庫層是恐龍探索館，設有多隻機械恐龍裝置。

也可以在沙池中體驗挖掘恐龍蛋。

鑿開恐龍蛋，可以得到一隻小恐龍呢！

旁邊還有個兒童劇場，據說每逢週五六日會有適合兒童觀看的恐龍及太空主題舞台劇表演。

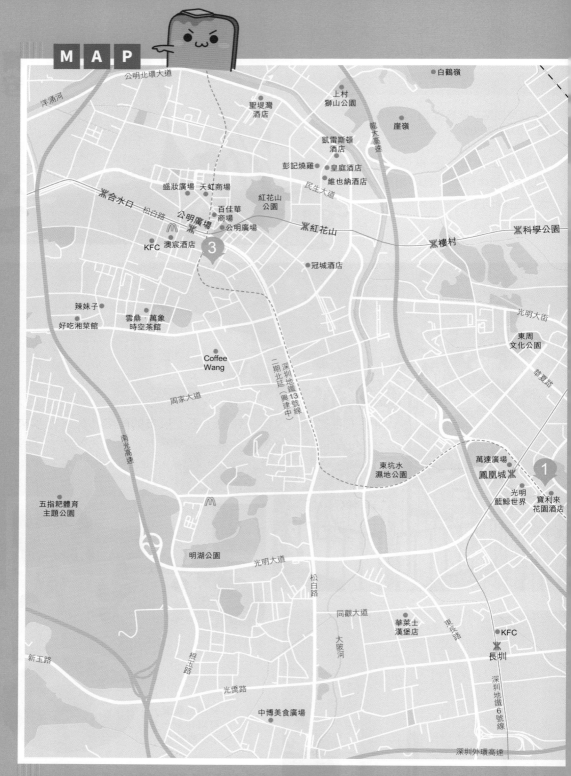

M A P

公明北環大道

洋湧河

白鶴嶺

聖堤灣酒店

上村
獅山公園

崖嶺

龍大高速

凱雷斯頓酒店

彭記燒雞　皇庭酒店
維也納酒店

民生大道

盛妝廣場　天虹商場

紅花山公園

合水口　松白路

公明廣場

百佳華商場

公明廣場

紅花山

樓村

科學公園

KFC　澳宸酒店

3

冠城酒店

光明大街

東周文化公園

辣妹子
好吃湘菜館

雲鼎·萬象時空茶館

Coffee Wang

周家大道

韋夏路

二期北延（興建中）深圳地鐵13號線

南光高速

東坑水濕地公園

萬達廣場

鳳凰城

光明藍鯨世界

1

寶利來花園酒店

五指耙體育主題公園

明湖公園

光明大道

松白路

同觀大道

華萊士漢堡店

KFC

棋杆路

新玉路

根玉路

大陂河

長圳

深圳地鐵6號線

光僑路

中博美食廣場

深圳外環高速

光明文化藝術中心　科學公園　光明大仟里購物中心

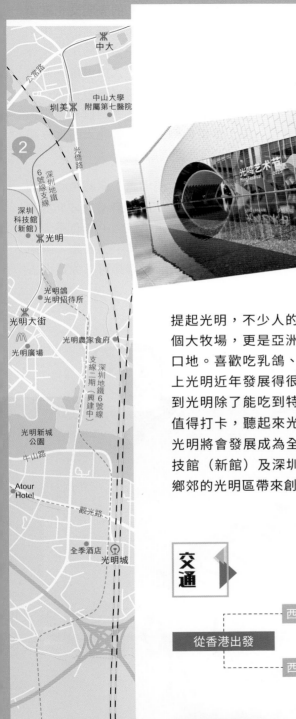

光明

提起光明，不少人的第一反應就是光明乳鴿。沒錯，光明有一個大牧場，更是亞洲最大的養鴿基地，以及內地最大的鮮奶出口地。喜歡吃乳鴿、喝牛奶的人，到光明一定會大飽口福！加上光明近年發展得很快，完善了不少城市的配套建設，所以來到光明除了能吃到特色美食，也有有趣的自然風光和人文景觀值得打卡，聽起來光明之旅是不是很愜意的選擇呢？而未來的光明將會發展成為全國四個綜合性國家科學中心之一，深圳科技館（新館）及深圳國際美術館亦將相繼落成，為傳統上較為鄉郊的光明區帶來創新科技的新氣象。

交通

| 從香港出發 | 西九龍站 ── 高鐵 ──▶ 光明城站 |
| 西九龍站 ─ 高鐵 ─ 深圳北站 ─ 地鐵6號線 ─▶ 鳳凰城站 / 光明大街站 |
| 從深圳市內出發 ──── 地鐵6號線 ────▶ 鳳凰城站 / 光明大街站 |

光明文化
藝術中心

超多打卡位場館聚集地

地 光明區創投路與牛山路交叉口西 120 米
交 地鐵 6 號線鳳凰城站 B 出口步行 560 米

又稱為「光明之眼」的光明文化藝術中心，是現時光明區最著名的地標。整個建築物的設計十分巧妙，單是外形就令人讚嘆不已。入口處是一個半圓弧形洞口，通道前方兩旁各有一個水池。假如在天氣晴朗的日子過來，加上水中的倒影，一隻迷人的大眼睛就呈現在我們面前。

中心裏包含 4 座場館：演藝中心、圖書館、美術館和 2023 年 8 月才開放的城市規劃展覽館。整個中心有不少很受歡迎的打卡點，其中圖書館、美術館和城市規劃展覽館都可以免費進去參觀。

當夜色降臨，華燈亮起，
光影層次分明，難道不像
一隻塗了眼影的眼睛嗎？

圖書館

時 週二至日 9:00~21:00

有 7 層樓高，每層面積很大。不僅藏書量十分豐富，座位設計也很多元化，除了自修室常見的座椅，部分樓層選用原木色的中式風格椅子，坐在那裏看書，頓時覺得自己像個穿越到古代的才子。

3 樓還有一條以黑白作主色調，配以玻璃圍欄的螺旋樓梯。樓梯中間還有圓柱形的玻璃屋，裏面的書架放滿了圖書。另外樓梯後方還有一個比較大的書架，在這裏打卡，連偽文青的我也感受到書香的熏陶。

不過說到我最最最喜歡的，就是在 4 樓面向中庭那一面落地大玻璃幕牆，旁邊有一排圓球形狀的座位。椅背稍微有點傾斜，讓人可以舒舒服服地躺着，也可以轉動。這裏是整個圖書館最受歡迎的一排座位，因此永遠都會坐滿看書或休息的人，要體驗的話記得早點過來哦！

美術館

時 週一至日 10:00~18:00（17:30 停止入場；需提前透過公眾號預約）

館內有 3 個展廳，舉辦不同藝術家的期間限定展覽，每幾個月就會更新。除了可欣賞藝術家的作品，展覽通常也會設計一些很好看的打卡位。不過並非所有藝術展覽都是免費入場，我 2023 年 5 月去的時候，總共有 3 個展覽，其中有一個是要收費的，成人收費幾十元。由於那些展覽全部都是期間限定，本書出版時已結束，在此不贅。

美術館大部分的牆身及結構物都是白色，配以比較光滑，帶有一點反光效果的黑色地板，因此可以拍到十分型格的照片。

說到美術館最吸引的打卡位置，就是一進門口後右手邊的那條 5 層高，盤旋而上的白色樓梯。由於梯級用上黑色，跟白色的圍欄和樓梯底部有一個非常強烈的對比效果；加上底部和扶手位置都有燈光設計，無論是在樓梯頂俯瞰還是站在樓梯底下往上望，都是很好的視覺享受。

光明城市規劃展覽館

時 週六日 10:00~18:00（17:30 停止進館；需提前通過公眾號「進館預約」、「飛翔影院」預約）

講 定時講解：10:30、14:00、15:00、16:30（講解長約 40 分鐘）

深圳可說是個沒甚麼歷史包袱的城市，所以能更好地作全面的城市規劃。深圳設有多座城規館，讓遊人能深入了解這裏的未來發展。除了位於少年宮站的市級城規館外，部分區域亦有區級的城規館，光明區這個則是最新開放的一個。

展館樓高 3 層，第一層主要介紹光明區未來發展的定位（即全國綜合性國家科學中心），以及區內未來的重點建築和基建設施。

第二層主要介紹光明區的過去，以及一些古建築的未來活化方向，例如公明老墟是光明一條近百年歷史的騎樓街，現正進行修復工程。而這個超大的觸控屏幕，顯示了光明的一眾特色美食照片，例如光明三寶——乳鴿、粟米、牛初乳。按一下照片，還會有詳細介紹。

拍打這排鼓，上方的螢幕就會慢慢生成 AI 醒獅圖案，我試過好幾次，每次生成的圖案都完全不同，有些醒獅甚至十分抽象呢！

第三層主要是光明區的規劃大綱圖、區內各個區域的詳細規劃，以及整個光明區的大型沙盤模型。話說這裏每天都會有 4 場講解，強烈建議大家一定要參加，因為部分展品的光影效果只會在講解期間播放！舉例，沒有光影效果的沙盤，只是一個沉悶的模型；在光影及動畫的加持下，整個光明區的規劃立即變得活靈活現，讓人更易明白這裏將來的發展藍圖。

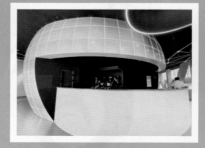

整個展館最受歡迎的展品，必定是這個「飛翔影院」！觀眾坐在凌空的座位上，置身在類似太空館天象廳的半球形影廳內，觀賞光明區內 8 個風貌區的介紹動畫。

動畫長 10 分鐘，期間凌空的座位更會隨影片內容擺動，讓你有種飛翔的錯覺！動畫的質素也有一定的像真度，加上光明區大多是自然風貌為主，整體給人一種很自由自在的感覺。不過這個展品逢星期六日才開放，而且一天只有 9 場，想看的話真的要早一點在網上預約。

由地鐵鳳凰城站前往光明文化藝術中心，會經過一個於 2022 年才開幕的大商場──光明藍鯨世界。雖然商場裏的商戶沒太大特色，不過大門口有一座 14 米高的巨型藍鯨雕塑，每隔半分鐘便會噴水，是一個很有趣的打卡位！

在地鐵站的另一邊還有一個面積較小的萬達廣場，喜歡逛商場的話，兩個商場加起來應該夠大家逛大半天。

附近美食

想吃光明牧場出產的乳鴿其實很簡單，因為光明區滿街都是主打光明乳鴿的餐廳，其中光明招待所和劉冰乳鴿店比較有名氣。光明乳鴿甜甜的帶有甘草香味，和平常吃的中山石岐乳鴿有明顯分別啊！光明的粟米也是很好吃，超甜沒渣。乳鴿、粟米、牛初乳合稱「光明三寶」，第一次來光明玩記得試試。

除此之外，由於上世紀 70 年代有大量越南歸僑在光明聚居，因此這裏有不少主打越南美食的老店，例如余記、越南腸粉店等著名老字號。雖然時移世易，口味已變得不太正宗，但勝在價格便宜！

據說不少香港品牌牛奶的奶源都是來自光明的牧場。你甚至可以在一些餐廳吃到「牛初乳」，即是牛媽媽生產後頭 3 天的奶做成的燉奶。由於成分和普通牛奶不同，表面會有一層黃色像油脂的東西。奶香味更重，但會有一股膻味，想試的話要有心理準備。

近年光明興建了不少**超級網紅公園**，例如 2023 年介紹的虹橋公園和大頂嶺綠道，皆吸引不少人特意過來打卡。而科學公園將會是光明一個超大的中心公園，雖然暫時只開了北翼部分，但已迅速成為很受歡迎的網紅公園。

公園內有數個可供互動的藝術裝置，當中最吸引我的是正門附近兩個以白色不鏽鋼條扭成的白雲，時不時會噴散水霧，有種仿如置身仙境的感覺。

2024 年 6 月
OPEN

科學公園

最新網紅公園

地　光明區果園中心路與光明大道交叉口東南角

交　地鐵 6 號線科學公園站 A 出口步行 1 公里

公園北翼依山而建，並在山頂興建了一個圓形的觀景台，可以俯瞰大半個光明區的景色，亦由於光明郊野比例較高，看過去都是綠油油的，令人心境舒暢。

在觀景台遠眺，可以看到未來的南翼部分到底有多大，以及在南翼旁正如火如荼地興建的深圳科技館（新館）和深圳國際美術館。

觀景台部分地面鋪砌了玻璃鏡，可以拍到天空之鏡的效果，也是這裏最受歡迎的打卡位。不過到訪當天仍在試營運中，鏡面不太乾淨，略為影響了打卡效果。另外，我建議女士們不要穿裙子過來。

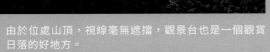

由於位處山頂，視線毫無遮擋，觀景台也是一個觀賞日落的好地方。

這裏現時有一間咖啡店，最便宜的飲品不到¥20。不過份量不多，沒兩口就喝完了。

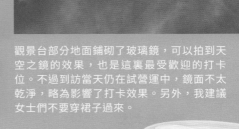

雖然公園內設有不少造型奇趣的飲水機，不過到訪當天仍未能使用，加上整個公園未設自動售賣機，建議最好自備足夠的飲用水過來遊玩。

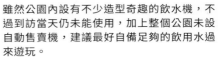

光明
大仟里
購物中心

一直以來都有不少人想我介紹一下深圳不同地區裏可乘坐地鐵到達的商場，而光明大仟里雖然較遠離香港口岸，但正是鄰近地鐵公明廣場站，因此這裏花點篇幅來介紹一下。不過要留意，該地鐵站現正進行興建 13 號線的工程，商場要待工程完結後才會直接駁通地鐵站，所以現時由地鐵出口過來要繞過地鐵工地，有點不便。

最適合「掃街」商場

地 光明區松白路 4699 號

時 週日至四 10:00~22:00，週五六 10:00~22:30

交 地鐵 6 號線公明廣場站 D 出口步行 490 米

B 區

商場於 2021 年擴建，新增 B 區開放式街區部分，但是 A、B 區之間並沒有室內通道接駁，要過一條馬路才能到達，亦導致 B 區的人流較少。不過 B 區也有不少網紅餐飲進駐，例如前文介紹過的**白玉串城**、**肉桂廚房**，以及 2023 年曾介紹的連鎖東北烤肉店**西塔老太太**等。

A 區：里巷尋味

地 光明大仟里 A 區 B2 層

在 B 區開幕的同時，A 區新設 B2 層里巷尋味，亦十分吸引我的目光。因為 A 區 B1 層本身已經有不少小吃餐廳，連同幾乎全是賣小吃的里巷尋味，讓光明大仟里成為一個很適合「掃街」的商場。

B 區有一個面積跟觀瀾湖那個差不多大的室內馬術場，名叫**雲頂馬術**。

何記花甲（連鎖店）

時 10:00~22:00

花甲粉（¥28/份）

若你喜歡吃螺絲粉，應該也會愛上完全不「臭」的花甲粉。湯底據說是用上花甲來熬煮，極度鮮甜（當然不排除加了味精）！

粉條是較粗身的粉絲，爽彈滑嫩，口感不錯；花甲雖不太肥美，但勝在夠鮮甜，份量也不少。

阿甘鍋盔（連鎖店）

時 10:00~21:00

牛肉鍋盔（¥13）

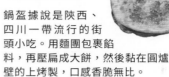

鍋盔據說是陝西、四川一帶流行的街頭小吃。用麵團包裹餡料，再壓扁成大餅，然後黏在圓爐壁的上烤製，口感香脆無比。

這裏的鍋盔有多款味道，最招牌的是牛肉味。不過說實話由於餡料很少，各種味道分別不算很大，主要是吃其香脆的口感。

廟東排骨（連鎖店）

時 10:00~22:00

招牌炸排骨有多種調味，包括香辣、孜然、椒鹽、甘梅或黑椒，建議可選擇 1~2 款味道混搭。我這份選了椒鹽加甘梅，酸酸甜甜鹹鹹，加上排骨炸得外脆內嫩，令人一吃上癮！

留香排骨（¥18/小份）

我曾在南京當地吃過廟東排骨的總店，結果深深愛上這家小吃店。雖然深圳分店只有南京總店大約六成水準，但我試過覺得仍然值得推介給大家。

酥小滿・牛肉餅（連鎖店）

時 10:00~21:00

原味牛肉餅（¥9）

其實我也不太清楚這種酥脆的牛肉餅到底是源自哪裏的美食，只知道在西安街頭很常見。做法有點像前文介紹的鍋盔，同樣以麵團包裹餡料，不過這次擀壓成較小較厚的餅。

用上不少豬油的酥皮麵團，加上用煎的烹調方法，餅皮特別酥脆！不過也較油膩，追求健康的人士應該更喜愛鍋盔。

海清甜・創意甜品

時 10:00~22:00

榴槤河粉（¥26）

海清甜是一家主打創意甜品的糖水店，在前文介紹的寶安大仟里也有分店。招牌榴槤河粉，內有一大塊榴槤肉，真材實料。湯汁以椰汁加牛奶熬製，並帶有香濃的榴槤味。所謂的「河粉」其實是切成河粉形狀的椰汁糕，很溜滑，如果椰汁味再濃一點會更好吃。不過整體而言，性價比很高。

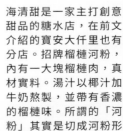

MAP

深圳地鐵（興建中22號線）

沈海高速
平湖生態園

華盛奧特萊斯
華南城
DCC文化創意園
七舍公寓
木古
廣九線
紅星美凱龍

坂李大道
坂瀾大道
甘坑濕地公園

①
寸埠書店 & Kofu Espresso
崗頭
雪象
深圳地鐵10號線

②

上李朗

甘坑
涼帽山

華為坂田基地
華為
貝爾路
平南鐵路

香港中文大學深圳醫院

水官高速
三聯關帝廟
深圳市第三人民醫院

坂田北

三聯郊野公園
石芽嶺

五和
坂田
楊美

深圳地鐵5號線
上水徑
尚景豪酒店

石芽嶺公園

坂雪崗大道

大芬

④

光雅園

南坪快速
下水徑

木棉灣

南坑

清平高速

長龍

雅寶
般若禪寺

耀公山隧道

文谷莊園

文博宮

深圳東站
布吉
百合酒店

銀湖山郊野公園

百鴿籠
深圳布吉萬象匯

① 天安雲谷星耀 ② 甘坑客家小鎮 ③ 萬達廣場（深圳龍崗店）④ 大芬油畫村

龍崗

以前較少香港人認識的龍崗區，這幾年變得很受歡迎。因為現在只要在福田口岸搭乘地鐵 10 號線，就可以直接來到古色古香的古鎮——甘坑客家小鎮。雖然甘坑的歷史文化遠遠不及江南地區一眾歷史名鎮深厚，也較多後期加建的仿古建築，不過勝在交通方便，更重要是整個古鎮的確設計得好魔幻，是港人「國潮」初體驗的好地方！我來過甘坑拍攝幾次，每次都遇到很多香港遊客，還有不少看過我影片的觀眾跟我打招呼呢！

交通

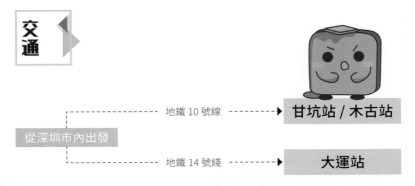

從深圳市內出發 ----------- 地鐵 10 號線 ----------▶ 甘坑站 / 木古站

----------- 地鐵 14 號綫 ----------▶ 大運站

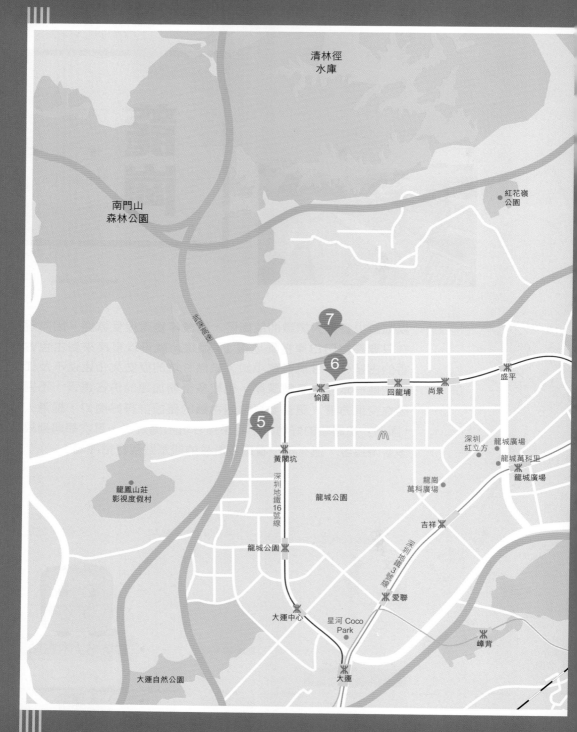

⑤ 龍城 CC 創意街區 ⑥ 仁恒夢中心 ⑦ 龍崗兒童公園

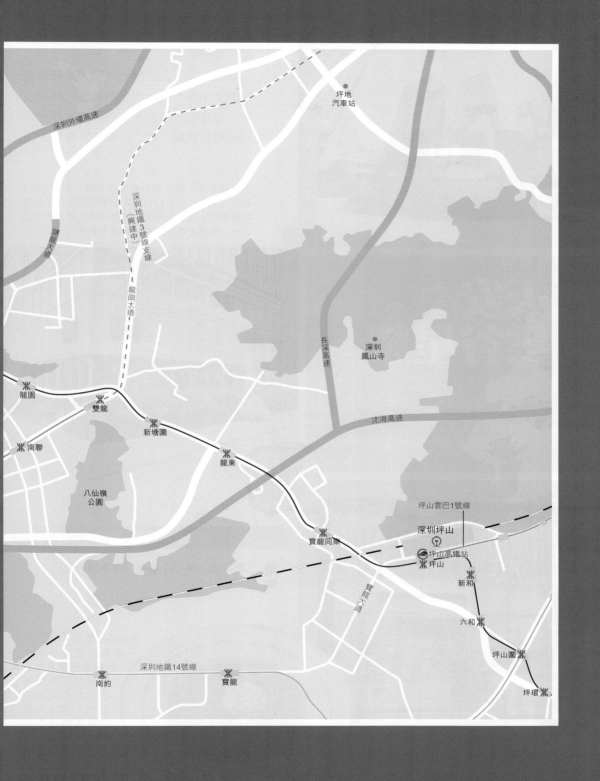

天安雲谷星耀是一個超大型的半露天商場，據說未來會有五期，現時只落成了一期及二期。由於樓上大部分是新興產業的寫字樓，附近亦是華為等企業的工廠，每逢週末及假日人流稀少，即使是一些網紅餐廳也較少出現排隊情況。

由於地方大，商戶也普遍比較大間。例如 2023 年版《深圳》也有介紹過近年爆紅的手作茶飲店阿嬤手作，這裏的分店是我暫時見過最大的分店之一，跟佛山嶺南天地分店差不多大。

天安
雲谷星耀

超巨型半露天商場

地 龍崗區雪崗北路 2018 號
交 地鐵 10 號線崗頭站 C2 出口步行 830 米

2022 年 7 月 OPEN

One Please 羅格

地 二期一樓 4 棟 111 號舖（喜茶斜對面）
時 11:30~21:00

莫斯科紅菜湯（¥22）
這裏的紅湯比前文介紹俄士廚房的出品，更符合我對正宗紅菜頭湯的想像。用上大量的紅菜頭及牛腩熬煮，再淋上一些酸忌廉，甜甜酸酸的很開胃，也幾乎沒有紅菜頭那股草青味，很好喝。

羅格的定位是一家俄式創意料理餐吧，餐廳的裝修沒甚麼俄國風情，倒像是一家普通西式 café 的感覺。

莫斯科奶油蘑菇烤雜伴（¥58）
蘑菇、煙肉、紅腸、洋蔥、薯蓉等，
連同芝士一起烤焗，相互混合令香
氣得以昇華。如果喜歡這些食材的
話，一定會愛上這道菜！

酥皮焗罐燜牛肉（¥48）
這道菜像湯汁較少且牛腩較
多版本的香港酥皮羅宋湯，
味道偏鹹，番茄味很香濃。

天安雲谷科技藝術分館

地　二期 6 棟 M1 層
時　週二 8:30~21:00
休　週一

雖然只是一個區級圖書館的分館，但這家圖書館的面積真的不小，有近 15,000 呎，比香港不少圖書館都要大。但這裏只有成人圖書館，兒童可前往 3 棟的天安雲谷少兒分館。

既然名為科技藝術分館，這裏超過一半的藏書是科技及藝術類圖書。由於總藏書量超過七萬冊，所以單是藝術類圖書的種類已十分多元化，由較傳統的書法、繪畫等，以至攝影、電影等都有。這裏甚至有超多內地出版的科技及藝術類期刊，可供現場閱讀。如需搜集與科技與藝術相關的資料，這裏絕對是個寶藏地！

這裏有約 170 個可供閱讀或自修的座位，入座前記得先向工作人員登記。

未來還會設有一家廉價咖啡店 Manner Coffee，讓大家一邊喝咖啡一邊讀書，這是我第一次在深圳見到設有咖啡區的大型圖書館。

KOFU ESPRESSO（雲谷店）

地 二期 8 棟 101 舖
時 週一至六 8:30~19:00，週日 10:00~18:00

整間咖啡店採用日式原木風格，而在咖啡店的正中央天花板，掛有一條鯉魚旗。

純白色的牆身，配以原木色的階級式座位，上面放着小茶几和坐墊，是讓人感到很舒服的簡約裝修。其中一邊牆身更有三個假石造型的燈罩，令咖啡店增添一股原野氣息。不過想來打卡的話請留意，咖啡店不歡迎任何商業拍攝活動，所以建議不要一大群人過來，器材也盡量以輕便為主，以免引起不必要的誤會。

雖然天安雲谷二期 8 棟可以用十室九空來形容，但這家 KOFU 人氣依然十分旺盛，甚至快速發展，在其他地方開多了兩家分店。

椰乳 Dirty（¥27）

雖然 KOFU 的裝修真的漂亮，不過它的招牌產品味道就各花入各眼了。Dirty 是近年很流行的一款咖啡，將濃縮咖啡淋在濃縮的牛奶上（或其他牛奶替代品），成品給人一種髒髒的感覺因而得名。這裏的椰乳 Dirty，我覺得椰奶味道頗淡，咖啡香味不突出，苦澀味也較重。

鯛魚燒（紅豆）（¥18）

為配合其日式裝修，這裏也有售賣日式小吃鯛魚燒，不過同樣比較普通。

抹茶拿鐵（¥32）

這個沒甚麼人推薦的抹茶拿鐵較得我歡心，不但有超美的拉花，熱飲更是用日式茶杯盛載，與這裏的環境十分相襯。

附近景點

◀ 2024 年 4 月 OPEN ▶

寸塢書店 &KOFU ESPRESSO

地 崗頭路禾坪老屋 1 號 1-1
時 週一至五 10:00~18:00，週六日 11:00~19:00

在天安雲谷星耀對面的禾坪村，村中有 154 間清末排屋和碉樓，現正分階段進行修葺工程。其中一棟建築早前已完成活化，現時開設了一家書店。書店內有不少老闆的珍藏品，例如原版書籍、當代藝術家的限量畫冊和雜誌期刊，以及二手原版黑膠唱片等。

書店咖啡區域是由前文介紹過的 KOFU 負責營運，更有分店限定的產品「禾坪拿鐵」。不過剛剛才在天安雲谷店喝過咖啡，所以就沒有再幫大家品嘗了。

甘坑
客家小鎮

離香港最近的仿古小鎮

- **地** 龍崗區甘李路 18 號
- **交** 地鐵 10 號線**甘坑地鐵站** B 出口步行 700 米，或乘 M273 巴士到**甘坑客家小鎮站**
- **費** 免門票
- **遊** 建議遊覽時間：1 天

由於我 2023 年只在書中介紹新景點，未有介紹整個甘坑客家小鎮，所以這次就花點篇幅帶大家深入了解這個古鎮。

甘坑能保留一片舊建築群，是因以往交通不便，村民未能收獲改革開放的紅利，無力花錢重建而導致。但真正的甘坑舊建築群其實只佔景區的小部分，其餘的古建築皆從其他城市易地重建而來，或是仿古建築，因此倘若你想深入挖掘甘坑的「古」，或會讓你有所失望。不過假如你是從來未到訪過內地其他仿古步行街或景區，這裏絕對是入門首選，因為從香港過來的交通真的很方便。

整個甘坑小鎮不大，通常一天內可以走完，但這裏仍有 4 間精品酒店可供選擇，例如小鎮南門附近的仿民國風的**南洋客棧**。

家風家訓館

山上一個與傳統八德思想相關的展館。吸引我的其實是展館外邊的連廊，除了可以拍到半圓形的展館外觀，亦可以俯瞰甘坑古鎮內所有瓦頂古建築，是景觀最好的打卡位。

疊翠樓、新龍門客棧

甘坑古鎮最受歡迎的打卡位，仿古建築上掛滿紅燈籠，有點像日本動畫《千與千尋》裏的場境。不過 2024 年疊翠樓開了一家出租漢服的商舖，其宣傳立牌有點出戲（笑）。

由於仿古建築比較集中，所以甘坑也是深圳最著名的漢服打卡勝地。

甘坑博物館

時 10:00~17:30

博物館大門旁的甘坑有禮手信店，售賣與客家文化有關的文創精品。

除了講述甘坑歷史外，博物館還有展示客家人的遷移歷史和客家人的獨特文化。

深圳近年很大力推廣客家特色「舞麒麟」，我這次到訪發現博物館多了不少相關介紹。

博物館也有編織涼帽步驟的介紹。涼帽是甘坑的名產，附近的村莊及山頭亦被命名為涼帽村及涼帽山，它也是甘坑古鎮的文創標誌之一。

鳳凰谷

時 週一至五 11:00~20:00、週末及節假日 10:00~20:00
費 成人門票 ¥30，兒童票 ¥15

有 4 棟由其他城市搬過來的徽派建築，現時開設了一個私人收藏家的博物館，個人認為這是整個甘坑客家小鎮最值得參觀的景點。該收藏家的品味很獨特，展出的大多是一些較為「奇特」的文物，不少甚至會讓我「O 嘴」。

貓的天空之城概念書店

時 10:00~22:00

我最愛的內地連鎖文創手信商店！推介大家可以買那些手繪風的城市特色明信片和鎖匙扣，很可愛又精美。2024年更新推出了深圳地圖款的冰箱貼。

文昌塔

甘坑後山上的文昌塔，同樣是由其他城市搬過來的。近來塔旁開了一家可以對着整座塔打卡的茶飲店，不過現場看裝修較簡陋，而且茶飲格價不便宜，打卡角度又只有一個，所以我就沒有幫大家體驗了。

二十四史書院

時 週一至五 10:30~21:30（20:30 停止入場）；
週末及節假日 9:30~22:30（21:30 停止入場）
費 全日票 ¥60，夜場票 ¥39

以二十四史為主題，仿古中式園林設計的體驗式花園書店。最矚目的打卡位非蓮花池旁的史記亭莫屬。特別是在夜晚，亭上燈籠亮起，加上池中倒影，整個畫面的確很夢幻迷人，有不少人甚至稱之為深圳版「夢華錄」。

書院在小鎮北門之外，走過去需6~7分鐘。除了打卡及看書，院內幾乎沒有其他東西可以體驗，我覺得定價略為偏高。不過如果是穿漢服來體驗打卡的話，的確能拍到很有穿越感的照片！

小貼士

甘坑有兩間比較有名的客家菜餐廳——鳳凰客家餐廳和鵝滋道。我覺得兩間的味道都是很一般，但勝在人均消費不高，甚至跟外面的客家菜餐廳的價格都差不多。

順帶一提，雖然這裏是景區，但連鎖快餐店的定價不會跟其他分店差太遠，有些品牌甚至採用劃一定價，所以大家也可以考慮光顧。

雖然龍崗萬達離關口十分遠，而且也不靠近地鐵站，但因面積頗大，加上有一家性價比挺高的室內遊樂場 Party day，吸引不少港人特意來這個商場遊玩。不過我在 2023 年版已介紹過這家店，所以這次就不再花篇幅介紹了。

我終於看到「不夜天街」的效果了！但說實話現在各 LED 裝置播放廣告的比例高得有點離譜，我猜大概只剩下 1/5 的時間播放可供打卡的動畫。

萬達廣場
（深圳龍崗店）

擁有大型室內遊樂場的巨型商場

地 龍崗區華南二道 1 號
交 地鐵 10 號線木古站 B 出口步行 1 公里

龍崗萬達另一特色就是有不少精心設計的 LED 藝術裝置，以及每層不同主題的裝修，很適合打卡。

為迎合港人的口味，商場開了不少粵菜餐廳，可以吃到啫啫煲、順德菜、卜卜蜆、雞煲等。不過當天試吃了其中一家私房粵菜，結果中了大伏……

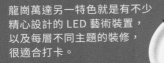

這次到訪發現 6 樓的「星球」裝置背後的白牆多了投影效果，播放着星空或原野等動畫，打卡效果變得更好。

小貼士

至本書截稿前，商場仍有提供免費接駁巴士來往附近的地鐵站，但只限在星期五六日營運，每 30 分鐘一班。

265

有 30 多年歷史的大芬油畫村，曾是著名的「山寨油畫」世界工廠。2005 年前後，歐美市場有七成油畫商品源於中國，當中有八成來自大芬。不過隨着金融海嘯令外銷油畫交易額大減，以及大芬的藝術家對版權日益重視，今時今日的大芬已轉型成**原創藝術基地**，亦是油畫愛好者必到的景點。

2023 年 12 月 OPEN

黃江油畫藝術廣場

地 老圍東七巷
時 10:00~22:00

大芬
油畫村

中國油畫第一村

地 龍崗區布龍路與龍崗大道交叉口東北角
交 地鐵 3 號線**大芬站** A1 出口步行 680 米
遊 建議遊覽時間：3~4 小時

若你對油畫一竅不通，但也想親手完成一幅畫作，村內有不少讓初學者體驗畫油畫的店舖，最便宜的只需要 ¥30。

大芬之所以變成油畫村，是因為香港人黃江先生於 1989 年在大芬開設了第一家油畫工場，其後生意愈做愈大，才令大芬吸引不少油畫師聚集。

黃江油畫藝術廣場據說是黃江先生以前的廠房，地面全層於 2023 年改建成為村內首個專門展示和銷售原創藝術品的綜合藝術市場。由於大部分商戶均不准拍照，故只能拍下走廊給大家看。

2023 年 2 月 REOPEN

大芬美術館

地 大芬油畫村內
時 週二至日 9:00~17:30（17:00 停止入場）
休 週一

數年前翻新的大芬美術館，已於 2023 年初重新開放。館內面積不小，設有多個展廳，經常舉辦一些期間限定的藝術展覽，除了大芬當地油畫畫師的作品展外，亦有一些較易被大眾接受的當代藝術作品展。

不要以為這是一幅電腦遊戲 "Sims" 的截圖，它其實是用顏料畫出來的！

2023 年 12 月 OPEN

FIYE COFFEE

地 老圍西五巷 2 號 3-1
時 10:00~20:00

每買一杯飲品，均可隨機獲得一張的由咖啡店自家設計的卡片，上面繪有以漫畫風格呈現的世界著名藝術品，一共 12 款。

村內近年開了不少可供顧客邊畫畫，邊喝咖啡的咖啡店，FIYE COFFEE 是其中最受歡迎的一家，在美團上有 ¥62 的單人體驗油畫加指定飲品八選一的套餐。當然如果你對畫畫沒太大興趣，也可以單獨品嘗它的咖啡。

海鹽芝香拿鐵（¥32）
味道其實跟前文介紹 M stand 的鹹芝士拿鐵差不多，只是芝士跟咖啡較為分離，沒有 M stand 那種渾然一體的感覺，稍為遜色一點。

菠蘿美式（¥28）
酸甜的菠蘿果香味道，感覺很清爽，跟咖啡的焦香味也很合襯，不過苦澀味較為突出。

下單時店員很興奮地跟我介紹，這裏的杯子也是他們自家設計。實色的杯子上開了一個像咖啡豆形狀的透明「窗口」，讓人得知這是一杯咖啡同時又能看到咖啡的顏色。

一個以舊廠房改建而成的**文創園區**，現時進駐的商戶大多以輕食餐廳及咖啡店為主，均設有戶外座位。由於地處深圳與東莞交界，附近主要是一些低密度辦公室，因此特別是週末假日，這一帶客流量及車流量十分稀疏，在此用餐有種很寫意的感覺。

龍城 CC 創意街區

2023 年 10 月
OPEN

休閒文創園區

地 龍崗區華美路與清林路交叉口北 150 米
交 地鐵 16 號線黃閣坑站 C 出口步行 450 米
遊 建議遊覽時間：2 小時

Wave 未

地 龍城 CC 創意區塊 1 層 1-14 號
時 10:00~22:00

可以像喝真威士忌一樣，倒進盛有冰球的杯子裏喝，以品嘗美酒的方法來品味咖啡。

White peach 白桃冷萃（¥35）
雖然叫做白桃冷萃，但我把整瓶喝光也感覺不到有丁點白桃味……不過包裝跟前文介紹的十日談一樣很有儀式感，用了威士忌酒壺造型的磨砂玻璃瓶來盛載咖啡。

另外還配一塊鹹味較重的麥芽糖夾心餅乾，以及附送一個店舖商標「W」造型的萬字夾，集齊一定數量後可兑換周邊產品。

煙燻三文魚班尼迪克蛋（¥68）

這裏的 egg benedict 其實不太正宗，所用的雞蛋太過生，不是水波蛋，而是水汪汪的溫泉蛋。但份量很大，底層的鬆餅比麥當勞豬柳蛋漢堡所用的還要大塊，中間的菠菜和炒菇份量也超級多，是我第一次吃完整份 egg benedict 後，竟然會有飽肚的感覺。

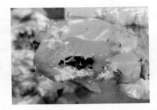

雖然上菜時店員有給我一把餐刀，但他居然跟我說建議戴手套直接用手拿起來吃，這也是我第一次如此粗獷地吃 egg benedict！不過撇除不正宗的因素，它的味道其實還不錯，蛋香味濃，鬆餅很鬆軟，三文魚也不會太鹹。更重要的是這麼大份只需 ¥68，真的很划算！

sungooi coffee

地 3 號樓一層 16 號
時 10:30~20:00

又名三顧的 sungooi coffee 在深圳有兩家門店，不過兩家所供應的產品不盡相同。

焙茶拿鐵（¥30）
較多人推薦的是這款這家分店限定的，而且在深圳也比較少見的焙茶拿鐵。焙茶即烘焙過的綠茶，味道有點像抹茶拿鐵，顆粒感更重，但幾乎完全沒有苦澀，只有茶香和幽幽的焦香味，很易入口。

句象書店

時 10:00~22:00

不過這裏的咖啡店卻很適合辦工，大部分座位旁均設有獨立的電源插座。還有在其他書店很少見的自修室、會議室和閱讀室可供付費租借。想要一個更寧靜的工作空間就可以考慮來這裏，但價格老實說不算便宜，例如自修室 1 小時也要 ¥10。

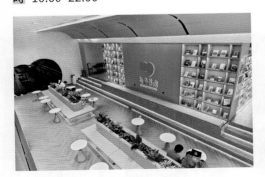

2023 年也有跟大家介紹過的句象書店，它在這裏亦開設了分店。書店的最大特色是可以用較便宜的價格借閱最新出版的圖書，因此受到深圳家長們的追捧。

2023 年到訪仁恒夢中心時因剛開業不久，比較冷清。不過它是現時龍崗中心區唯一一個在地鐵站旁的商場（C 出口計劃有地下通道駁通，惟 2024 年 5 月到訪時工程仍未完成），加上經常舉辦受年輕人歡迎的期間限定活動，以及十分鄰近後文介紹的龍崗兒童公園，因此吸引了不少有特色的餐飲品牌進駐，包括前文介紹過的納瓦、羅格、something for，及後文將介紹的 GE BAKE 等。

仁恒夢中心

2022 年 12 月 OPEN

廣受年輕人歡迎的龍崗商場

地　龍崗區龍平西路
交　地鐵 16 號線愉園地鐵站 C 出口

商場最獨特的商戶是仁恒置地自營的戲院——仁恒夢影廊電影院，其特色是大部分影廳設有私隱度及舒適度很高的座位，很適合情侶一同觀影。不過這裏的螢幕播放效果我覺得比較一般，對畫質有高要求的話，前文介紹的戲院可能會較適合你。

海楠里．椰子雞火鍋

地　L1 層 W05 號商舖
時　週一至五 11:00~14:00，17:00~21:00；
　　週六日 11:00~21:00

如果你問我最能代表深圳的美食是甚麼，我想非椰子雞莫屬！這種用椰青水烹煮的文昌雞火鍋，雖然充滿海南風情，不過網上大部分資料均顯示這道菜其實是由深圳餐廳潤園四季所發明。近年深圳越來越多新晉的椰子雞品牌，也湧現了五花八門的變種，例如榴槤椰子雞、木瓜椰子雞等等。不過我還是鍾情於最「傳統」的椰子雞，而海楠里是新晉品牌之中，鮮有主推普通椰青水椰子雞的，價格亦較潤園四季便宜。（不好意思忘記拍店面，圖為天安雲谷店哈哈）。

織金竹笙椰子雞（¥128/ 半隻）
其實我甚至覺得這裏的椰子雞比潤圍四季更為出色。以海南椰青製作的鍋底，酸度稍高，亦帶一點濃厚感，搭配雞肉的感覺更好一些。

文昌雞也夠新鮮，皮脆肉嫩，而且可以點半隻，兩個人吃就可以留肚品嘗其他菜品。

調料費（¥8/ 位）
調味料會送到每桌客人面前，感覺較乾淨衛生。

選用比較長條的竹笙，飽滿地吸收湯底，一口咬下去非常有滿足感，更能吃到竹笙爽脆的口感。

這裏還有提供擠青檸汁的工具，更方便也不怕弄髒手！

安格斯肥牛煲仔飯（¥52/ 小份）
除了臘味之外，這裏的煲仔飯還有其他款式例如光明乳鴿、安格斯肥牛等，不過肥牛份量實在有點少，質素一般。好在飯焦酥脆，以連鎖店來說算是不錯。

深圳近年興建了不少大型的兒童公園,其中最大型的是 2023 年底才開幕的龍崗兒童公園。這是一個依山而建的公園,你可以把它當成免費入場的主題樂園,而當中有不少設施皆是**免費遊玩**的!

免費的大部分是超大型的滑梯、攀爬架、繩網陣、沙池等組合而成的設施,內地稱之為「無動力遊樂設施」。每一座都有完全不同的主題和玩樂體驗。

龍崗兒童公園

深圳最大兒童公園

地　龍崗區鹽龍大道與愛心路交會處北側
交　地鐵 16 號線愉園站 C 出口步行 1.3 公里
時　9:00~22:00（21:00 停止入場）
費　免費入園,部分項目另收費
遊　建議遊覽時間:1 天

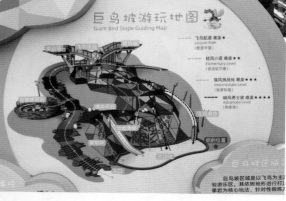

這些設施均十分大型,內裏分為不同的遊玩區域,有些區域會設計得較具挑戰性,所以在每個設施入口處都有設立這種說明牌,提供不同難度的路線供大家參考,也讓不同年齡層的小朋友皆可一起體驗。

較難的位置甚至需要手腳並用才能順利通過!

例如這個以糖果城堡作主題的設施,你甚至會覺得這些主題裝置完全不亞於迪士尼的造景,但重點是這裏是免費供大家遊玩的!

園內也有一些較為休閒的玩樂設施,例如這種要用人力推動的……不好意思其實我也不太清楚這種叫甚麼,總之就是如果我晚三十年才出生的話,一定會玩到不願走的設施!

另外,公園大門附近有不少需另行收費的大型機動遊戲,例如飛天韆鞦、兒童過山車、跳樓機等,甚至有全亞洲最大的海盜船呢!

山頂上還有深圳海拔最高(193米)的摩天輪,不過價格有點貴(¥99),而且我覺得摩天輪對出的平台景觀已經很不錯了,所以就沒有幫大家上去體驗。

樂園地上的渠蓋亦有繪畫了不同的圖案,讓整個樂園連細節位也充滿童真。

正如前文所說,近年深圳很重視推廣客家麒麟文化,所以這個樂園的吉祥物也是卡通化的麒麟。這些可愛的木雕風的卡通麒麟雕塑,在樂園裏隨處可見,令人忍不住想跟他們打卡!

樂園內有多間餐飲店,當中包括一些知名的連鎖快餐品牌,價格跟其他分店相差無幾。最特別是這裏的KFC,不但裝修充滿樂園氣氛,更設有小型兒童遊樂區域呢!

273

龍崗商場大集合

以下是龍崗區其他在過去數年變化不太明顯的重點商場和景點的簡單介紹。

地 龍崗區翔鴿路 2 號
交 地鐵 5 號線白鴿籠站 C 出口步行 300 米

萬象匯屬華潤旗下較貼地的商場品牌，而位於百鴿籠站上蓋的深圳布吉萬象匯則是龍崗布吉一帶最大型的商場（對，深圳也有布吉，但不是一個島，也沒有陽光與海灘，只有一個客流量很大的火車站——深圳東站）。

龍崗星河 COCO Park

地 龍崗區愛南路 666 號
交 地鐵 14/16 號線大運站 12 號口步行 350 米

2023 年有跟大家介紹過大運地鐵站，這裏將會是龍崗區最重要的四線交匯交通樞紐。而在該站附近的龍崗星河 COCO PARK，則是深圳東部唯一一家山姆會員商店所在地。不過現時附近路面工程較多，大家要留意了。

由於華潤強大的招租能力，這裏雲集了聚多熱門的連鎖餐飲店，亦有一些暫時只有華潤旗下商場才能見到的網紅品牌，例如前文介紹的去茶山。這家分店設有室內座位，夏天光顧會更舒適一些。

龍崗萬科廣場

地　龍崗區龍翔大道 7188 號
交　地鐵 3 號線**吉祥站** C 出口步行 660 米

深圳地鐵 3 號線吉祥至龍城廣場站一帶，是整個龍崗區最核心的區域。這裏不但有多個非常鄰近的大型商場，亦有多座場館。當中較近吉祥站的龍崗萬科廣場，是該區域人流最旺的全室內大型商場。

深圳紅立方

外型十分獨特的紅立方是一個大型的場館建築群，當中包括有龍崗區科技館、公共藝術與城市規劃館、深圳書城龍崗城及青少年宮四大部分，前兩個展館提前在公眾號預約後即可免費參觀。

我最愛的是科技館，可以說是香港科學館的加強版！裏面有不少能學到科學知識的互動設施，而且很新很齊全，重點是費用全免！絕對是帶小朋友寓教於樂的好地方。

龍城萬科里及其他景點

一個半露天的大型商場，老實說夏天過來的體驗不會很舒適。但由於是周邊最近地鐵站的商場（離龍城廣場站只需約 4 分鐘步行路程），所以人流量仍不錯，更有地下通道連接旁邊的紅立方。

萬科里附近還有龍城廣場、龍崗區文化館等景點。圖為龍城廣場。

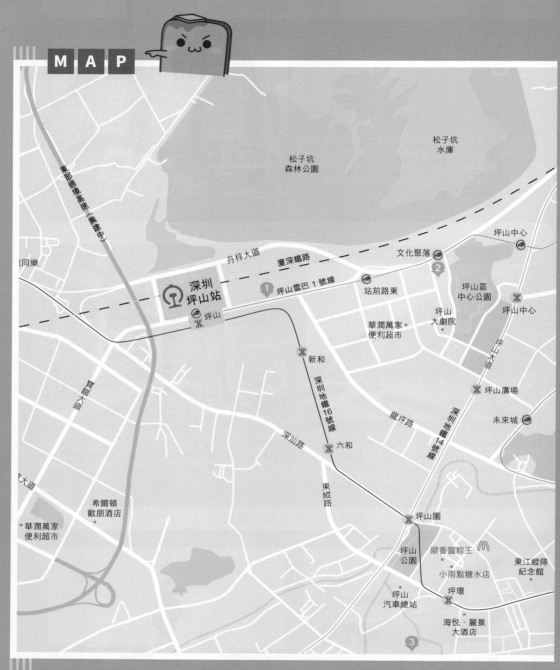

M A P

松子坑
水庫

松子坑
森林公園

東部過境高速（東達中）

同樂

丹梓大道　　廈深鐵路

深圳
坪山站

① 坪山雲巴 1 號線

坪山

站前路東

② 文化聚落

坪山中心

坪山區
中心公園

坪山中心

坪山
大劇院

華潤萬家
便利超市

新和

深圳地鐵 16 號線

坪山廣場

未來城

深汕路

龍坪路

深圳地鐵 14 號線

寶龍大道

六和

東縱路

坪山圍

大道

希爾頓
歡朋酒店

坪山
公園

順香圓粽王

東江縱隊
紀念館

華潤萬家
便利超市

小雨點糖水店

坪環

坪山
汽車總站

③

海悦·麗景
大酒店

① 坪山雲巴　② 坪山文化聚落　③ 大萬世居特色文化街區

坪山

中芯國際

綜合保稅區

燕子嶺

金茂園
大酒店

燕子嶺
公園

自然博物館西

龍背

東縱紀念館

沙壆

比亞迪北

位於深圳東北部，一直以來是個交通不太方便的地區，也缺少很吸引的旅遊景點。不過繼 2022 年一口氣開通了地鐵 14 和 16 號線，以及香港官員視察過的坪山雲巴之後，坪山區的交通突然變得四通八達，相信很快就會有翻天覆地的變化！

另外坪山也是著名工業區，全球第三大車廠比亞迪的全球總部就是位於區內。雲巴現時的總站亦在比亞迪總部附近，在總站外眺望，還可以看到裏面有一架用作員工接駁車的初代雲巴呢！

交通

| 從香港出發 | --- 西九龍站 --- 高鐵 ---▶ | 深圳坪山站 |

| | 崗廈北站 --- 地鐵 14 號線 ---▶ | 坪山中心站 |

| 從深圳市內出發 | | |

| | 地鐵 16 號線 ---▶ | 坪環站 |

2022 年 12 月
OPEN

坪山雲巴

無須鋪設路軌的單軌列車

時 往比亞迪北站：首班車 06:32、末班車 23:02
往坪山高鐵站：首班車 06:33、末班車 23:18
遊 建議遊覽時間：0.5 小時

雖然坪山雲巴外觀很像主題樂園裏的單軌列車，但卻更先進。每架列車有 4 節車廂，由著名電動車品牌比亞迪提供技術。供電方式並不是靠路軌上的電纜，而是每架列車內置的充電電池。由於不用鋪砌電纜，因此建設雲巴的成本比傳統的單軌列車低很多。

雲巴的路軌較窄，轉彎的半徑比較短，最短只有 15 米，適合在狹窄地型建造和應用。另外由於它使用橡膠輪子，轉彎時噪音很小，甚至會被附近車輛的噪音蓋過，導致我到站也不知道呢！不過它的搖晃程度比地鐵強烈一點，站立時記得緊握扶手。（現時雲巴的載客量超低，加上班次頻密，所以很多時我都可以包車，絕不怕沒有空位呢！）

每架雲巴均設無人駕駛智能系統，所以你可以像搭香港的南港島線一樣，在車頭或車尾欣賞沿途風景。不過為安全起見，每架雲巴裏仍然有職員駐守，應對突發情況。當雲巴電量低於 10%，到達總站後就會暫停載客，然後自己回去車廠充電。

2023年5月19日
星期五　晴 ●

15:53

文化聚落

16　坪山高铁站　站前路东　文化聚落　坪山中心　中芯国际　综合保税区　燕子岭　未来城　自然博物馆西　龙背　比亚迪北　16　14

現在坪山雲巴暫時有 11 個站，由坪山高鐵站來往比亞迪北站，全程大約 20 分鐘。設有分段收費，成人票價為 ¥2～3。

雲巴途經的地方很多尚未發展，大自然景色非常優美，有些地方甚至有種很原生態的感覺。加上列車兩邊都設有超大的窗戶，是一架很理想的觀光列車。

坪山
文化聚落

文化場館聚集地

地　坪山區坪山文化中心
交　坪山雲巴 1 號線文化聚落站
遊　建議遊覽時間：1 天

從坪山高鐵站乘雲巴兩個站可以來到文化聚落站。這裏有個叫坪山文化聚落的地方，其實有點像前文介紹的光明文化藝術中心，都是一個集合了不同場館的景區。坪山這裏包括有大劇院、圖書館、美術館和展覽館，以及又名**「漫卷書生活」**的坪山書城。

GE YARD

2023 年 9 月 OPEN

地 匯德路坪山文化聚落 12-6C 舖
時 10:00~21:00

2023 年我有跟大家介紹過坪山書城裏一家主打廉價梳乎厘 pancake，名為 GE BAKE 的西式輕食餐廳，其老闆於 2023 年 9 月在文化聚落裏離 GE BAKE 不遠的另一個舖位，開設了副品牌 GE YARD 首家門店。

招牌芝麻炸雞翅（¥14/ 隻）

調味比較簡單，基本上只吃到大量芝麻加上甜豉油味，但勝在沒有雪味。外皮雖然較厚，但十分酥脆，加上雞肉嫩滑多汁，整體味道口感都不錯。

閩南海鮮沙茶麵（¥36）

有別於 GE BAKE，GE YARD 是一家主打中式輕食，特別是閩南小吃的餐廳，例如有我以往去廈門很喜歡吃的沙茶麵。

前文有說過沙茶其實是沙嗲的變種，所以沙茶麵也可以說是沙嗲麵。不過並不像香港的沙嗲牛肉麵只有餸菜沾了醬汁，這裏的沙茶麵整個湯底都是沙茶風味的，因此連麵條也能吸滿沙茶香味。這裏的沙茶花生味超濃郁，並帶有不淡的蝦乾和魚露鮮味；鹹度適中，把湯底全喝完也不會有不適感；麵條也夠彈牙，水準很高。

更重要的是這裏的用料真的很不錯，蝦和魷魚明顯是用新鮮貨，牛丸和魚餅也很真材實料，¥36 一碗性價比超級高！

花生燒麻糬牛乳冰（¥28）

花生碎超級多，麻糬很煙韌，牛乳冰口感綿滑，雖然
沒有坊間的大碗，但用料上乘，¥28 是很合理的價格。

九層塔鹽酥雞（¥28）

GE YARD 也有賣各式小吃，水準都不錯。

椰香斑蘭烤吐司（¥28）

GE BAKE 走大自然
風格，GE YARD 則
是中日式原木風，
同樣十分幽雅。

坪山美術館（新館）

地 匯德路 4 號
時 週二至日 9:00~17:00
休 週一

坪山

坪山美術館是一個主要舉辦期間限定藝術展覽的美術館，而過往舉辦的展覽絕大部分與中國當代藝術有關。例如我今年 5 月到訪時，則是在舉辦一個暫時未有結束日期的中國南方當代藝術家聯展。

由於當代藝術通常都有較深的寓意，所有展品旁皆貼有 QR code，用電話掃瞄後即可觀看藝術家的訪談，讓參觀人士能更深入了解藝術家創作的目的。

美術館 6 樓設有恒常展覽——虛擬美術館，是個可以戴着 VR 眼鏡參觀虛擬世界的藝術展覽。總共有 8 個展覽可以體驗，全部慢慢看的話大約需時 20 分鐘。

亦山品物

地 匯德路坪山文化聚落展覽館 H 舖
時 10:00~21:00

2023 年也有跟大家介紹過位於展覽館地面層，售賣跟坪山有關的文創精品店「亦山品物」，這次重遊發現他們售賣的商品變得越來越多元化及實用。

露營餐具套裝
（¥128）

這套露營餐具套裝，有 4 種顏色選擇，十分輕便，很適合「走塑」後的香港。

不過比較搞笑的是橙色的那一套，上面畫着的「大梅沙」明明是鹽田區景點，踩過界幫鄰區宣傳呢！

亦山品物同時也是一家咖啡店、書店以及文化活動場地。整個空間的設計走原木風，安靜舒適，走累了在這裏看看書、喝喝咖啡，再選些坪山手信也是很不錯的。

小貼士

文化聚落的大劇院、展覽館、圖書館及書城，與 2023 年變化不大，這裏不另作介紹。而地鐵 14 號線開通後，與文化聚落一街之隔的坪山中心公園則已擴建，新增了名為「大草坪」的區域，旁邊就是坪山中心站 D 出口（截稿前該出口尚未開通）。

顧名思義該區域是一大片草地，除了適合野餐、放風箏等郊遊活動外，草坪中央更設有一間單層玻璃屋圖書館，名為「坪山城市書房·大草坪書亭」。坪山城市書房為坪山社區圖書館品牌，後文將作詳細介紹。

大萬世居
特色文化
街區

全國最大方形客家圍屋

地　坪山區大萬路 33 號
交　地鐵 16 號線坪環站 A1 出口步行 720 米
遊　建議遊覽時間：1 小時

大萬世居已翻新的部分，其實只佔整座圍屋約 1/3，
其餘部分仍然較為殘舊，甚為可惜。

始建於 1791 年的大萬世居，是全國最大、保存最完整的**方形客家圍屋**之一。圍屋現時有少部分建築已翻新成博物館，並設有小型傳統客家文化展覽。由於大萬世居是現時坪山最著名的景點之一，吸引不少人慕名而來，所以其周邊社區現已吸引不少特色商戶進駐。

兮食

地　大萬世居北門旁
時　11:30~21:00

離大萬世居約 1.5 公里路程，有個名為坪山雕塑藝術創意園的文創園區。該園區最受歡迎的商戶是一家有大草地可供大家野餐的自家烘焙麵包店 —— 兮 Fan 森林麵包店。不過今時今日想一嚐它的出品，就不一定要特意跑進創意園裏，因為這家店在大萬世居旁的一棟兩層高的舊民宅內，開設了一家名叫「兮食」的 café。

兮 Fan 的法棍加戲了（¥38）

因為當天吃過飯才過來，所以就沒有一嚐它其他輕食的出品，只點了兩杯飲料和最招牌的麵包。這裏的麵包就只有一款選擇，就是切片法包，雖然不是新鮮出爐，但有再烘烤過，所以口感十分酥脆。不過最特別的是配搭麵包的醬料 —— 兩款結合了潮州特色醃菜的蛋黃醬，對於祖籍潮州的我來說十分有驚喜！

老藥桔蛋黃醬（上）

老藥桔是用鹽、糖及甘草等配料醃製過的金桔，帶有很重的金桔及甘草香氣，配搭麵包就像一款甜度較低的金桔果醬。

橄欖菜蛋黃醬（下）

橄欖菜做法繁複，簡單來說就是用橄欖、食油和大量的潮州鹹菜葉經數小時熬製而成。濃烈的橄欖菜讓蛋黃醬的香氣得到昇華，加上鹹鹹甜甜，與麵包有一種很奇妙的化學作用，難以用筆墨形容，十分推薦大家過來一試！

冰鎮酸梅湯（¥32）

¥32 一瓶酸梅湯，並不便宜，但試過你就知道值回票價！不像坊間的酸梅湯通常是用粉劑沖調，這裏的真是用烏梅煮成，質感濃厚，甚至比小時候吃韓國燒烤喝到的酸梅湯更好喝呢！

坪山城市書房・大萬明新學館

地 萬新街與大萬路交叉口東南 100 米
時 10:00~18:00
休 週一

近年坪山區內不少景點均開設小型的社區圖書館，並由「坪山城市書房」這個品牌來營運。品牌有兩個特點，一、附設咖啡店及文創商店，二、選址在古蹟內或風景怡人的地方。其中比較大型的一個「書房」開設在大萬世居旁，逢週一休息，不過我到訪當天是週二，卻見門外通告指因員工培訓日休息一天，只能望門興歎了。

幸好大萬世居內的另一間坪山城市書房未有休息，雖面積遠較明新學館小，藏書量亦較少，但同樣有古雅的環境供大家閱讀。

明新學館建於 1927 年，有近百年歷史，可看到民國時期中西合璧的風格。據網上介紹這棟兩層高的圖書館除了依舊附設咖啡店外，亦可讓讀者在古樸且莊嚴的老學堂內閱讀，體會古代書齋上課的滋味。

美食介紹坪山老街

坪山老街是坪山著名的美食街，有多家老字號小吃店，很適合「掃街」。

地 坪山區建設路坪山市場
交 地鐵 14 號線坪山圍站 B 出口步行 480 米

順香圓粽王

地 中興四五巷 9 號一樓
時 8:00~19:00

順香圓本身是一間賣糭子的商店，不過它的生炸雞全翼卻更受歡迎。據店員介紹有不少住在深圳其他區的人，還會特意駕車過來買呢！

脆皮雞翅（¥9/ 隻）

老實說跟 GE YARD 的雞翼一樣，調味都是比較簡單，主要是類似豉油和椒鹽的味道，同樣沒有雪味；不過我更愛它的外皮，因為真的炸得更薄更香脆，脆得像在吃薯片！而且內裏超多肉汁，十分嫩滑，口感絕對是 100 分，更重要的是這裏才賣 ¥9！！！

小雨點糖水店

地 中興路 48 號
時 15:00~01:00

坪山老街最有名的商戶是這間小雨點，有新舊兩家門店。新店雖然裝修更網紅風，環境更好，但我更推薦大家到老店吃。

椰汁牛奶西米露（¥7）

小雨點最招牌的是各種西米露。你說是不是很好吃呢？味道老實說不太特別，但是真的超級便宜！那麼足料，幾乎整碗都是西米的西米露，才賣¥7！

據說因為老闆以前是開影樓的，很喜歡拍照，所以老店最特別的地方是牆上面貼滿了老照片。除了一些以前客人的照片外，也有不少是老闆一家人的生活照。雖然起初在照片牆包圍下進餐會覺得有點奇怪，不過細心一看那些生活照，你會覺得這是一家很溫馨的糖水店。

另外這裏還有賣其他同樣很便宜的港式小吃，例如咖喱魚蛋、龍蝦丸、牛丸等。這次因為太飽了所以就沒有再點，但我以前試過，記得味道都算不錯，甚至比香港不少小食檔的出品還要好一點呢！

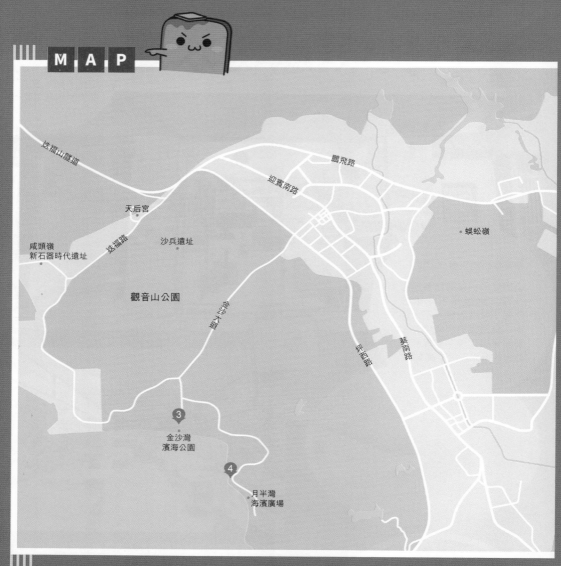

M A P

送福山隧道
迎賓南路
鵬飛路
天后宮
送福路
沙兵遺址
咸頭嶺
新石器時代遺址
觀音山公園
金沙大道
蜈蚣嶺
坪西路
葵南路

3
金沙灣
濱海公園

4
月半灣
海濱廣場

❶ 大鵬所城 ❷ 較場尾 ❸ 中信金沙灣 ❹ Bella coffee

大鵬

大鵬
非遺文化村

1 大鵬
古城小區

東山寺

2 海舍假日
酒店

海灣營地

較場尾
海灘

大鵬新區又稱大鵬半島，位於深圳市的東南部，沿岸分佈着十多個沙灘，與香港新界東北遙相對望。130 多公里的綿長海岸線更獲《中國國家地理》網站評為「中國最美的八大海岸」之一。

由於遠離鬧市，大鵬的自然生態及原始風貌保存得較完好，近年西涌更是成為觀測星象、看螢火蟲的絕佳之處。大鵬有山有海有歷史，如果厭倦了石屎森林的燈火，想來一個親近大自然之旅，大鵬是最佳之選！

現時區內除了計劃興建多間國際品牌的五星級酒店外，全球最大樂高樂園亦已於 2021 年動工。預計未來大鵬將會發展成一個世界級度假勝地，為旅客提供各式各樣的玩樂體驗。

交通 ▶

從深圳市區出發 ---- 蓮塘口岸 ---- E11 號巴士 ----▶ 大鵬中心

大鵬所城

600 多年歷史軍事據點

地 大鵬新區南門東路大鵬所城

交 乘 E11 路巴士至大鵬中心巴士站，轉乘 M471 路巴士至大鵬所城

遊 建議遊覽時間：2~3 小時

深圳有 3 個著名的**歷史文化街區**，除了前文介紹過的南頭古城和甘坑客家古鎮，還有大鵬所城。深圳之所以又名為「鵬城」，也是由此而來。所城建於明朝洪武二十七年（1394 年），距今已有 600 多年歷史，主要用作抵抗海盜之入侵，鴉片戰爭時更是抗擊英軍的據點之一，具有深厚的歷史意義。

現時的所城，連同附近的社區，越來越多文青咖啡店進駐，逐漸發展成一個休閒類景區，很適合在這裏閒逛一下，然後找一家最喜歡的咖啡店待一整個下午。

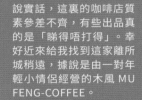

2024 年 3 月 OPEN

木風 Mu Feng-Coffee

地 大鵬所城南門東路 15 號 101 室
時 10:00~21:30

烏梅子楊梅奶油蛋糕（¥34）

這裏的蛋糕，雖然賣相很一般，但真的挺好吃。忌廉口感很輕盈，而且比例較坊間的少，整個吃光也沒有罪惡感。當然更重要的是大部分蛋糕的口味都很獨特，例如這個烏梅子楊梅奶油蛋糕，微酸的烏梅子和楊梅味也能進一步中和油膩感。加上黑芝麻味蛋糕口感十分鬆軟，與果香味也很合襯，我不知不覺就把整個蛋糕吃完了。

說實話，這裏的咖啡店質素參差不齊，有些出品真的是「睇得唔打得」。幸好近來給我找到這家離所城稍遠，據說是由一對年輕小情侶經營的木風 MU FENG-COFFEE。

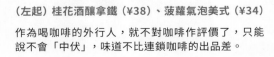

（左起）桂花酒釀拿鐵（¥38）、菠蘿氣泡美式（¥34）

作為喝咖啡的外行人，就不對咖啡作評價了，只能說不會「中伏」，味道不比連鎖咖啡的出品差。

木風整體裝修簡潔明亮，潔白的牆身，配以落地大玻璃窗，加上木質家具，很有日系溫馨感覺。

大鵬所城海防展覽館

地 大鵬新區南門東路大鵬所城內
時 週二至日 10:00~17:00
休 週一

展覽內有介紹一些海防知識，例如中國歷史上各種戰船。有玩過電腦遊戲《三國志》的朋友，應該會覺得這些名字很有親切感。

這裏更有展出不少明清時期的兵器防具，如鐵銃、炮筒、炮彈等。

如果想更深入了解所城以及周邊地區的海防歷史，就可以來到 2020 年開幕，免費入場的大鵬所城海防展覽館。展覽有相當大篇幅講述所城的歷史，當中重點講解選址的重要性，以及城內佈局。

為了方便遊客觀賞展覽，各屯倉之間的間隔牆已被打通，形成一道道門或窗。我發現由其中一邊看過去，是一個很有趣的打卡位呢！（感謝澳門 Yoliving Leo 哥幫忙做 model）

展覽館建於所城最特別的建築 —— 所城糧倉內。糧倉始建於明正統元年（1436 年），現時的糧倉則是於上世紀 50 年代末擴建而成。從外面看過去，是 10 間穹頂呈半圓形的相連屯倉。

芒中作樂

地 大鵬所城南門東路 43 號
時 10:30~23:30

近年深圳旅遊景點的商戶都喜歡賣「文創雪糕」，即以當地特色標誌或景點為造型的雪糕。所城東門對出的甜品店——芒中作樂，就售賣 4 至 5 款不同顏色和口味，以所城東門為造型的雪糕。拿上手後，你就可以像我一樣對着城門來打卡啦！不過大熱天時雪糕很快融化，真的要盡快拍完！

商家稱雪條是純果肉製造，我也覺得芒果雪糕味道和口感都算不錯，而且只賣 ¥20 一條，就算不喜歡打卡的，也可以買來嚐嚐。

漁村・鵬城飯館

地 大鵬所城東城巷 21 號
時 11:00~14:30，17:00~21:00

大鵬所城雖是旅遊景點，但不用擔心在這裏用餐會又貴又難吃。例如名氣很大，主打大鵬特色客家菜的鵬城飯館，不但價格和市區差不多，而且味道真的不錯。我最推介的是招牌窯雞，入味之餘肉質很嫩，也有雞味，更重要的是上菜前會幫忙把雞肉撕好，不用自己動手，很適合我這種懶人。

大鵬所城是古代的軍事據點，而距離所城不足 5 分鐘路程的海灘較場尾，則是古代的練兵場地。今時今日的較場尾已發展成深圳市內體驗各式各樣**水上活動**最著名的地方之一。

在這裏也能眺望正在如火如荼地興建的深圳樂高樂園，可看到其中有好幾棟建築物快將平頂。

較場尾

著名水上活動中心

地　大鵬新區較場尾路 34 號
時　6:00~22:00
交　大鵬所城馬路對面
遊　建議遊覽時間：2~3 小時

既然是一個比較著名的海濱旅遊景點，這裏也有不少花重本裝修的網紅民宿，而且風格感覺一家比一家誇張。

話說 2023 年的較場尾給我的感覺是頗差的，因為幾乎每走幾步路就有人走過來拉客，問我要不要坐觀光快艇或參加水上活動。今年再次到訪，整個景點明顯已變得十分規範化，那些拉客聲幾乎已消失得無影無蹤（只剩下一些餐廳仍會派人走出來拉客），觀光區內也只有一個比較正式的觀光快艇售票處，而且費用全是明碼實價。

狼窩酒吧餐廳

地 較三四七巷 16 號
時 10:00~ 翌日 2:00

即使你對坐觀光快艇、玩水上活動或是入住民宿興趣不大，這裏也有不少座落在海邊的咖啡店和酒吧，可讓你一邊聽着海浪聲，吹着陣陣海風，一邊喝杯飲料，享受片刻的寧靜。

狼窩酒吧是其中一家非常貼近海邊的酒吧，就算你坐在陽台上最靠邊的座位看出去，也幾乎看不到下面的沙灘，只能看到一片大海。可惜的是海上有些標記用的浮筒，稍微破壞了風景，打卡的時候要遷就一下角度。

較場尾的物價真的比較貴，一個椰青竟然也要 ¥28！其他飲品，特別是酒精類的，價格也快趕上香港了。

中信金沙灣

發展中的主題樂園度假區

地 大鵬新區棕櫚大道 33 號
遊 建議遊覽時間：1~2 小時

金沙灣位於大鵬半島西邊，與香港東平洲隔海相望。海灘長約 2.2 公里，未來將會有 5 個主題樂園、5 間國際品牌酒店、3 座休閒公園等旅遊景點及配套設施。現時已有水上樂園、公園及酒店各一，並計劃於未來兩年開放兒童世界、海洋世界及內地第一個以火星為主題的樂園 —— 火星世界。不過其中 2 間五星級酒店 —— 凱悅酒店及 W 酒店，工程進度似乎跟 2023 年分別不大，未知何時才能落成。而現時金沙灣附近比較僻靜，是一個**隱世景點**，很適合喜愛遠離煩囂的人士。

樂園裏很多地方都有擺放烏龜的卡通形象雕像，用來代指玄武；裝飾佈置也是卡通化的村莊風格，很生動活潑。

中信金沙灣水世界

水世界是一個以遠古神獸「玄武」和深圳歷史「漁村」為主題的水上樂園。雖然整個樂園沒有海洋公園的那麼大，但有九大遊玩設施，不少項目是海洋公園沒有的呢！另外每天定時都會有互動遊戲及表演，而且門票價格不到海洋公園的一半！不過請留意由於是樂園全戶外的，每年只會於 4 至 10 月營業，而暑期及國慶等旺季則會開放夜間場次。

園內最矚目的是國內首台裂口式大型漏斗滑道，據說比普通的大型漏斗會多了一種衝上天際的感覺！不過小弟畏高，實在不敢冒險上去玩……

近大門的大水寨是內地最多滑道的水寨，面積達 2000 平方米，高 17 米，有 10 條滑道、321 個噴水點，可以組合上百種不同的玩法！

4 層樓高，超過 100 米長，15 秒就能急速穿梭的玄武大滑梯，共有 3 條滑道。不但不會太恐怖，畏高的也能放膽一試，其中一條更暗藏驚喜，是我最愛的項目！在此就不劇透啦，大家自己去體驗一下吧！

這裏當然也有小朋友專區。玄武小滑梯有 4 條滑道，穿過滑道就來到「小小水戰」，是小朋友們玩水戰的不二之選。

在近千平方米的衝浪池上，定時會有噴泉和音樂表演，主持人還會帶着大家參與互動，隨着音樂和節奏感受 4 種模式的海浪，一起動起來！

景區內共有 3 家餐廳，雖然味道較一般，但對比其他樂園裏的餐廳，定價也不算太離譜。例如美式熱狗餐售 ¥59，我覺得是可以接受啦！

水世界未來還會增設海底浮潛設施，讓你在安全情況下體驗潛水的樂趣。甚至有一個 4D 劇場，據說能體驗到水浸的驚險劇情，真的很期待。

鵬飛公園

鵬飛公園位於水世界旁邊，免費入場。園內設有繩網陣、吊橋等。雖然自從前文介紹的龍崗兒童公園開幕後，這裏的設施顯得不太特別，但依然算是較大型及新穎，而且大部分是香港未見過的款式。部分設施也適合幼兒遊玩，絕對是讓各年齡層小朋友放電的好地方！

彈床（¥10，送防滑襪一對）

這幾座白色小山丘原來是彈床，旁邊還圍着一圈沙池，是小朋友們玩得最瘋狂的地方！不過或許因為太受小朋友歡迎，這次到訪時就發現變成收費項目，也是鵬飛公園內唯一收費的遊戲。

海之螺

鵬飛公園的斜對面就是金沙灣現時唯一一家酒店 —— 佳兆業萬豪酒店，而在酒店的另外一邊，有一座海螺造型的建築物 —— 海之螺。它是整個金沙灣現時最靠近海邊的建築物。

擺放在一樓的金沙灣未來規劃模型，可以看到其餘未落成的樂園及酒店的位置。

二樓的海景客廳有一扇落地玻璃窗，旁邊擺放了一座透明鋼琴，坐在這裏，我忍不住想自彈自唱：「夜雨凍～DA DI DA DE DA 照片中～」（可惜我不會彈琴哈哈）！

天台可以俯瞰整個金沙灣，亦可遠眺東平洲，天氣好的話也可以看到海天一色。聽說這裏更是看日落的好地方！可是到訪當日天公不造美……

海邊也有擺放一些我覺得外型有點像西瓜的編織搖搖椅，坐在這裏看海也是一個不錯的選擇。

Bella Coffe 建在海堤旁，店外圍欄下就是防波堤，再外邊就是大海了。這家咖啡店位於離金沙灣約 5 分鐘車程，下沙社區的六月海酒店 B2 層，建議到達酒店大堂後，可向酒店前台查詢前往咖啡店的方法。

青醬雞肉帕尼尼（¥88）

兩大塊帕尼尼，中間夾料非常豐富，除了雞扒之外有各種蔬菜。麵包鬆軟，外皮帶點脆口，雞肉鮮嫩，調味也剛剛好。但略嫌青醬不太夠，味道不夠突出，如果醬料再多一點就更完美。

海洋拿鐵（¥48）

咖啡店不但環境十分一流，而且咖啡和菜品價格合理，出品亦很有驚喜。特別是咖啡的造型，十分有趣，很適合打卡。例如這杯海洋拿鐵恰如其名，上面的冬甩模擬游泳圈，而下面飲料由藍色漸變至啡色就像是海水和沙灘，非常應景。

2023 年 4 月
OPEN

Bella coffee

隱世海邊咖啡店

地 大鵬新區下沙社區金沙大道西六月海酒店 B2 樓 101 號

時 10:30~21:00

交 乘 E11 路巴士至大鵬中心巴士站，轉乘 B983 路社區微巴至山海灣步行 200 米

遊 建議遊覽時間：1 小時

由於整家店採用開放式設計，即使坐在室內也能感受海風陣陣的涼意！

燈柱形招牌是這裏最標誌的打卡位，有人說很有夏威夷風情，你又覺得像不像呢？不過可以肯定的是，坐在招牌附近的室外座位，看着碧波蕩漾，真的很寫意。

在轆轆椅輕蕩着，很有悠哉悠哉的感覺。

小貼士

沿着咖啡店旁的海堤閒逛，你可以找到不少有趣的打卡位，例如圍欄上的壁畫。

白色旋轉樓梯上也可以俯瞰整個海堤，飽覽海天一色的美景。不過到訪當天剛好遇上有電視台在拍攝綜藝節目，等了差不多兩個小時，待節目組拍攝空檔期間，才能成功拍下這些沒有人的照片（卻導致我忘記拍下整條旋轉樓梯的外觀）。若不想久等及確保拍攝效果的話，建議到訪前先致電酒店及咖啡店，查詢當天有否出租作商業拍攝用途。

著者
西 DorSi

責任編輯
蘇慧怡、李欣敏

裝幀設計
鍾啟善、羅美齡

排版
鍾啟善、何澄

出版者
知出版社
香港北角英皇道 499 號北角工業大廈 20 樓
電話：2564 7511　　傳真：2565 5539
電郵：info@wanlibk.com
網址：http://www.wanlibk.com
　　　http://www.facebook.com/wanlibk

發行者
香港聯合書刊物流有限公司
香港荃灣德士古道 220-248 號荃灣工業中心 16 樓
電話：2150 2100　　傳真：2407 3062
電郵：info@suplogistics.com.hk
網址：http://www.suplogistics.com.hk

承印者
美雅印刷製本有限公司
香港九龍觀塘榮業街 6 號海濱工業大廈 4 樓 A 室

出版日期
二〇二四年七月第一次印刷

規格
16 開（240 mm × 170 mm）